Practical Customer Success

Experiential stories set in a BtoB service company

実践カスタマーサクセス

株式会社openpage代表
藤島誓也

BtoBサービス企業を
舞台にした体験ストーリー

日経BP

はじめに

既存顧客と共に成長するビジネスモデルへ

ひたすら新規顧客を獲得していくビジネスモデルのパフォーマンスに陰りが見えてきました。デジタルマーケティングの限界も感じられるようになり、Cookieでユーザーの行動をトレースするマーケティング手法も、個人情報保護の潮流により規制が強化されつつあります。その結果、ターゲティングの精度も悪くなってくるでしょう。セールス活動においてもリモートワークの普及により、テレアポや展示会などの従来型アプローチの効果が薄まっています。

そうした状況に置かれた多くの企業は、既存顧客の売上最大化にかじを切り始めました。同時にサブスクリプション型ビジネスモデルが普及することで、既存顧客のLTV（顧客生涯価値）を重視するビジネスモデルが注目されるようになってきています。そうしたビジネストレンドを象徴するキーワードとして、既存顧客の成功体験を重視する「カスタマーサクセス」が注目されるようになってきたのです。

カスタマーサクセスは、ビジネス現場だけが理解していればよい概念や方法論ではありません。経営戦略として位置付けることで、その効果を大いに発揮します。全社的に理解して取り組むことが理想的なのです。

例えば昨今のBtoB企業では、IRにも「NDR」という指標を入れるようになっています。NDRとは「Net Dollar Retention」の略で、既存顧客からの売り上げを前年比で維持できているかどうかを測り「売上継続率」を示す指標です。BtoC企業はまだこの段階に来ていませんが、サブスクリプションの拡大もあり、今後はBtoCにおいてもNDRを経営戦略上で重視すべき指標として採用することになるでしょう。

カスタマーサクセスを疑似体験する

一方で、「カスタマーサクセスを実践するには具体的にどうすればよいのか？」という疑問の声も多く聞かれるようになりました。また、カスタマーサクセスは概念なのかノウハウなのか、あるいは職種なのか、今ひとつ腑に落ちない、という声も聞かれます。

そこで本書は、カスタマーサクセスの導入から実施、経営レベルでの展開に至るまでの具体的かつ現実的な実践方法について、主人公と共に段階的に疑似体験しながら学べる解説書に仕立てています。

設定した舞台は、ホテルの予約サイト運営企業「株式会社Smart Lodging Book」です。転職してきた主人公・高山浩介氏がカスタマーサクセスの導入を任されるところから始まります。

高山氏は「カスタマーサクセス」という言葉を聞いたことはありますが、転職前に経験していたわけではなく、初めての実践になります。様々な困難に直面し、カスタマーサクセスに詳しい先輩の助言を得るなどして、最後は専門部署がつくられ、カスタマーサクセスが社内に浸透し、事業が強くなるまでを描いています。なお、Smart Lodging Bookや同社内の人物名は架空のものです。

はじめに

カスタマーサクセスの理論を、ビジネスの現場にブレイクダウンして、具体的な取り組み方として解きほぐしていこうという試みです。困難に直面したときに実践すべき「行動」（＝何を考え、どう動くべきか）は全部で43あります。読者の皆さんは、本書の主人公と共に困難を乗り越える経験をしていただくことができます。

本書を読み終えたときにはカスタマーサクセスの全体像から現場でのフレームワーク、そして手法まで身に付いている状態になっていることを目指しています。

なお、本書にも登場するカスタマーサクセス用語を選定し、目次のすぐ後に用語解説をしています。本書をお読みになっている際、知らない単語が出てきたら、そこに戻っていただくことで、確実に理解しながら前に進めるようにしています。

本書は、カスタマーサクセスを経営戦略に取り込みたいと考えている経営者や、現場に導入したいと考えている管理職、そして実際に現場で実践しなければならない担当者、さらには就職や転職でカスタマーサクセスに興味を持たれている方々までを対象読者として想定しています。

経営者の方が読めば管理職・現場担当者に読ませたいと思える内容になっていますし、逆に現場担当者が読めば、経営者に読んでもらいたいと思える内容になっています。

本書が、皆さんのカスタマーサクセスに対するスキル向上につながれば、これほどうれしいことはありません。

この後、目次に続いて用語解説があり、その後の「プロローグ」からが物語の始まりです。本編は「ドキュメント」と「取るべき行動の解説」で構成しています。高山氏を中心に展開されるストーリーは、時間軸に沿って「ドキュメント」に記載します。そして、高山氏が迷ったり困ったりしたところで、「取るべき行動の解説」をします。このパートは、高山氏が頼っている藤島（筆者）が解説するというスタイルで書いていきます。

ぜひ、楽しみながらお読みください。

目次

本書で登場する
カスタマーサクセス用語集

本書で登場するカスタマーサクセス用語集

ARPA（Average Revenue Per Account）

１企業当たりの平均売り上げ。ARPAを高める施策は、カスタマーサクセスの役割の１つである。例えば、価格モデルを上位プランで契約してもらう、ユーザー当たりの単価を高める、企業当たりの導入人数を増やすなどの施策がある。

ARPU（Average Revenue Per User）

１ユーザー当たりの平均売り上げ。カスタマーサクセスにおいてはBtoB取引が中心となり、企業当たりの売り上げを見るため、ARPUに加えARPAが重要になる。

BIツール

BIはビジネスインテリジェンスの略。データの可視化を行うことで、顧客理解やビジネス状況の判断に活用することができるツールを指す。カスタマーサクセス用途であれば、BIツール上に、各顧客の契約金額、ログイン状況、問い合わせ状況、セミナー参加状況などを表示し、顧客の状態が見えるようにする活用方法がある。

BtoBのカスタマーサクセス

カスタマーサクセス職の95％はBtoBビジネスにおけるカスタマーサクセスに従事している（筆者らの調査による）。よって、現在普及しているカスタマーサクセスのノウハウや知識の多くはBtoBビジネスを前提とした内容になっている。例えば、SaaS、クラウド、ERP、SI、人材、広告、ITプラットフォームなど、法人に対して受注後のフォローアップやアドバイス、コンサルティングに価値を発揮できる分野が中心となる。従来は法人営業やアカウントマネジメントの中の、契約後の工程に特化した業務内容がカスタマーサクセス職となることが多い。THE MODELの普及に従い、法人営業を行う組織は上記の分野に限らず広くカスタマーサクセスを意識し始めるだろう。

BtoCのカスタマーサクセス

比率としては5%程度と少ないが、BtoCのカスタマーサクセス職も一定数存在する(筆者らの調査による)。大手消費財メーカーのCRMやDXの取り組み強化の一つとして行うケース、個人向けECサイトのような個人事業主を対象とするケース、サブスクリプションやD2C事業を運営しており顧客との強固なリレーションが重要なケースなどで設置されている。カスタマーサクセスの財務的な目標は既存顧客からの「売上継続率」であるため、既存顧客経由の売り上げを可視化し、伸ばしていこうと考える企業であれば、今後BtoCの領域でもカスタマーサクセス活動が活性化していくはずである。既存顧客からの売り上げ拡大を実践するエピソードやノウハウは、前田徹哉氏の著書『売り上げを倍増させる“顧客勘定”マーケティング “赤字顧客”を黒字に変える実践手法』(日経BP)に詳しい。

CDP

カスタマー・データ・プラットフォームの略。DMP(データ・マネジメント・プラットフォーム)と補完関係にある。主に顧客に関するあらゆるデータを一元管理し、顧客のセグメンテーション設計や、広告配信の最適化などに活用する。

CPA

コスト・パー・アクイジションの略。主にマーケティングの用語であり、ウェブ広告などで1人の顧客の申し込みを獲得するのにかかったコストを指している。なお、カスタマーサクセスにおいてコストを表す指標はCRC（カスタマー・リテンション・コスト）。顧客維持における総コストで、カスタマーサクセスの人件費やプログラム費、ツール費などを指す。

CRM

カスタマー・リレーションシップ・マネジメントの略。既存顧客に対する、マーケティングコミュニケーションを通じた売り上げ拡大施策。言葉にするとカスタマーサクセスと近しいが、BtoCの領域ではメールやプッシュ通知によるクーポンマーケティング、BtoBにおいてはセールスシステムであるSFAや、マーケティングシステムのMAを活用したデータを基にした顧客対応施策をCRMと呼ぶことが多い。このようにBtoCとBtoBで用語のニュアンスがやや異なっている。一部の企業では、BtoCのCRM部門をカスタマーサクセス部門と名称変更する動きも見られている。

CS（Customer Success）＝
CO（Customer Outcomes）＋CX（Customer eXperience）

Gainsight社のCS（カスタマーサクセス）の考え方。CO（カスタマーアウトカム）とは、言葉通り製品サービスを導入したことによる成果を指す。CX（カスタマーエクスペリエンス）とは、顧客体験を指している。どんなに成果が出る取引でも、その過程で不快・不満な顧客体験をしてしまえばカスタマーサクセスは成功しない。Gainsight社代表のニック・メータ氏は、この考えを発展させ「ヒューマン・ファースト」という概念を発表した。取引先は企業である前に人であり、その人個人の夢や楽しさなどを尊重する考え方だ。目の前の人の体験を大切に考える、彼らしい言葉である。

CSOps

カスタマーサクセス・オペレーションズの略。業務オペレーションをITシステムの導入や研修設計、計数管理などで後方支援する職種を指す。カスタマーサクセス以外にも、セールスやマーケティングの職種で同様にOps職がある。従来の営業企画部門のような企画スタッフに近い。つまりはプロジェクト業務が中心の何でも屋の側面がある。カスタマーサクセスは通常業務としての顧客対応に追われて、プロジェクト的な新しい取り組みをする余裕がなくなりがちになる。そのため、組織規模が一定以上になると、後方支援として自組織の改善に取り組む専門のスタッフが必要になってくる。

EWS（Early Warning System）

日本語で言えば早期警報システム。もともとはカスタマーサクセス用語ではなく、地震や津波、ミサイルなど防衛分野で使われているもの。カスタマーサクセスにおいては、地震が来ることを予測するように、解約が来ることを予測して警告するようなシステムを指している。製品利用の頻度が下がっている、導入を決めた顧客が退職した、顧客企業がM&Aで買収されたなど、何かしらの企業の変化を捉えてアラートする。

Gainsight

カスタマーサクセスのデータを「ヘルススコア」として管理できるツール。開発したGainsight社は2009年代に創業され、2010年代中盤に、カスタマーサクセスの青本（『カスタマーサクセス——サブスクリプション時代に求められる「顧客の成功」10の原則』）、カスタマーサクセス10の原則、カスタマーサクセスのタッチモデルなど、カスタマーサクセスに関する考え方やフレームワークを展開した。現在、米国のカスタマーサクセスベンダーとしてはトップシェアの会社の１つであり、カスタマーサクセスの発展に強い影響力を持っている。

IR

インベスター・リレーションズの略。投資家との関係構築を指しており、上場前であればベンチャーキャピタル、上場後であれば個人投資家や機関投資家とのコミュニケーションを指す。SaaS企業は解約率や製品の導入リードタイムなどのカスタマーサクセスの数値が、事業売り上げやコストに与える影響が大きい。そのため、上場を控えるベンチャー企業であれば、経営企画部門がカスタマーサクセス部門と計数状況について連携をとる必要がある。

KPI

キー・パフォーマンス・インジケーターの略。経営的な財務目標（カスタマーサクセスであれば売り上げの維持や拡大）に対して、重要なアクションや中間地点を数値化したものがKPIとなる。カスタマーサクセスにおいては、「ノース・スター・メトリック」を特定し、これを目標にするのも１つだ。例えば本書の主人公の例であれば、ホテルの予約サイトになるため、「各企業の予約申込数」といえるかもしれない。KPIには正解はなく、カスタマーサクセスにヒットする自社独自の数字を探しながら設計する必要がある。

LTV

ライフ・タイム・バリューの略で「顧客生涯価値」と訳す。Lifetime（ライフタイム）、つまり顧客との取引が継続する期間の間に、どれだけの価値貢献をし、売り上げを最大化するかを測るための指標や考え方。契約期間を長くする≒解約を防ぐ、購入回数を増やす、クロスセル／アップセルをするといった取り組みによりLTVは高まる。カスタマーサクセスの肝は、どのような顧客体験や提案を行えば、顧客への価値を最大化することができ、結果として取引規模を大きくできるか、つまりLTVを最大化できるかという視点である。

LTV＝平均単価×平均継続期間

LTVの理論的な計算式で、単価と継続期間を掛け合わせれば、顧客からの生涯売り上げが計算できるというもの。しかし、単価や契約期間は水物であり、顧客ニーズの変化や市場の変化によって変動しやすい。カスタマーサクセスとしてはこの変化を捉えながら、どのような価値を提供すれば高単価の契約が実現できるのか、どのように継続期間を伸ばせるかを考えてアクションをとる必要がある。

NDR (Net Dollar Retention)、NRR (Net Revenue Retention)、売上継続率

前年契約した顧客が、今年どれだけ売り上げが継続したのかを示す数値。100%なら現状維持、101%を超えたら契約拡大、99%を下回ったら契約縮小を意味する。カスタマーサクセスにおいては、既存顧客への体験や提案を強化することで、この売上継続率をどれだけ拡大させられるかが重要になる。そのためには、解約を防ぎ、クロスセル／アップセルにより契約を拡大する役割を担う必要がある。売上継続率が高いということは、新規の顧客を獲得せずとも既存顧客の売り上げで成長ができることを指す。

NPS (Net Promoter Score)

この製品を誰かに薦めたいか？という質問から、顧客の自社へのロ

イヤルティー（信頼度）を測るもの。しかし、BtoBビジネスにおいては機能しないこともある。「使いにくいが業務に欠かせないのは間違いない」という場合に、NPSは低くなるが解約率は悪くないこともあるからだ。NPSで重要なのは、NPSの定量回答とともに得られる定性的な声である。NPSが低い根拠として、自社の製品・サービス・品質・価格などに明確に改善余地がある回答があった場合、事業として再考が必要になる。

SaaS（Software as a Service）

Salesforce社の代表であるマーク・ベニオフ氏の、「BtoCのウェブサービスのようにウェブブラウザーでアクセスして使えるBtoBのソフトウエアをつくりたい」という思いをかたちにしたサービス。SaaSの料金プランは月額課金のサブスクリプションが中心であり、この課金の期間を延ばし、単価を高めることでLTVを伸ばすための取り組みがカスタマーサクセスの発端となっている。

Salesforce社

SaaSの概念を初めて生み出した企業。SaaSからサブスクリプションの考え方が拡大し、このモデルの最大化を図る施策や組織としてカスタマーサクセスが生まれた。そのためSalesforce社はカスタマーサクセスへの取り組みも世界で最も体系的で優れている企業の１社である。またSalesforce社はカスタマーサクセスを企業理念としても掲げている。しかし、顧客重視の考え方や価値観をカスタマーサクセスと呼ぶのか、売上継続率の最大化を図るための施策や組織をカスタマーサクセスと呼ぶのかで大きく意味合いが変わってくるので留意したい。

SAM (Serviceable Available Market)

「ある事業が獲得し得る最大の市場規模」を指す。市場では、競合他社にシェアを奪われたり、顧客の要望が自社の製品機能に合わなくて契約ができなかったりするケースがあり得る。これらのケースを鑑みて、契約し得る最大の市場規模を計算するのがSAMである。

SFA (Sales Force Automation)

日本語では「営業支援システム」と呼ばれる。カスタマーサクセスにおいては、顧客の契約情報、製品利用情報、コミュニケーション情報などを管理する必要がある場合に、SFAにこれらの情報を格納する場合がある。

SOM (Serviceable Obtainable Market)

「ある事業が実際にアプローチできる顧客の市場規模」を指す。SAMはあくまで顧客を獲得し得る最大規模だが、実際には営業やカスタマーサクセスのリソース制約や、マーケティングチャネルの限界などがある。これらのビジネスリソースを加味した現実的な売り上げ規模がSOMになる。

SQL (Structured Query Language)

データベース言語で、主に製品ログデータを取得するために用いる。BIツール上でSQLコマンドを発行し、特定の機能の利用状況を可視化する、といった用途で用いる。

TAM (Total Addressable Market)

「ある事業が獲得できる可能性のある全体の市場規模」を指す。競合も含めた市場の最大ポテンシャルの数字になる。シンプルに考えれば、潜在契約社数×単価の組み合わせでTAMは計算できる。事業で獲得できる顧客数が1万社いて、年間100万円で契約できるなら、100億円のTAMとなる。カスタマーサクセスの役割では、サービスの拡張により潜在契約社数を増やす、単価を高めることも必要である。

VOC

ボイス・オブ・カスタマーの略称であり、顧客の意見や要望、コメントを意味する。カスタマーサクセスは既存顧客との対話時間が長く、VOCを得られやすい。この顧客からの声を、カスタマーサクセス活動の改善、加えてプロダクト開発やマーケティングの活動改善に用いる。

Zuora

Salesforce社の出身者が起業してつくったサブスクリプション請求管理システム。Zuoraの登場により、サブスクリプションの概念はSaaSだけでなくあらゆる業界や領域に拡張された。サブスクリプションはカスタマーサクセスと密接に関わっており、サブスクリプションにおける契約期間や契約単価を高めるための手段がカスタマーサクセスである、と呼んでも間違いではない。

アダプション

日本では聞き慣れない英語だが、アダプトは採用されるという意味合いの言葉。オンボーディングが終わり、製品サービスが無事に継続的に利用されている、仕事や生活の中で欠かせないものとして採用されている状態を意味している。具体的には、毎月1回ログインがされている、毎週定期的に更新されている、といった状態だ。このアダプションのフェーズで全く製品が使われていない場合は解約可能性が高まる。そのため、定期でフォローアップする仕組みや、もし製品活用ができていない場合はアラートを上げるような仕組みが必要となる。

アップセル

上位の契約プランなどにアップグレードするための営業提案。カスタマーサクセスにおいては、顧客の使用量増加、他部門での利用、上位プランへの契約変更、長期プランの契約、コンサルティングサービスの契約など様々な選択肢がある。

エクスパンション

エクスパンションは顧客の利用拡大を意味する。カスタマーサクセスのゴールのプロセスである。カスタマーサクセスにおいては、まず契約を維持する、つまりオンボーディングとアダプションのフェーズまで持っていくことが最初の壁になるが、その次は契約を拡大させることが重要になる。契約プランを上げる、利用する人数や部門を増やす、別製品／別サービスを導入する、コンサルティングサービスを契約するといった、売り上げを拡大するアプローチをとる。

オンボーディング

オンボーディングの語源は「乗り物に乗る」こと。契約直後に自社の製品サービスの利用を進めるうえで軌道に乗せる、最初のプロセスを意味している。カスタマーサクセスにおいては、製品の初期設定、運用に当たっての諸準備、基本的な機能操作、今後のスケジュールなどが顧客に説明されて、アクションに移せる状態を指している。

このオンボーディングが失敗するということは、顧客は製品の利用をうまく開始できずに終わっているということなので、解約可能性が高まる。そのため、オンボーディングの仕組みづくりは優先度が高い。

カスタマージャーニー

顧客の行動や思考を時系列に整理し、これに合わせて施策設計をする考え方。現在世の中に普及しているカスタマージャーニーの多くは「購買」をゴールにした内容になっている。しかし、カスタマーサクセスは購買後の流れを支援する業務のため、購買の後の製品活用や契約拡大を見据えたカスタマージャーニーマップを自社独自で作成する必要がある。

クロスセル

他製品、他サービスを併用してもらうための営業提案。カスタマーサクセスの場合、事業部が異なる場合は、他事業部の営業に商談機会をパスするような動きもあり得る。

サブスクリプション

語源としては雑誌の定期購読を意味しているが、そこから拡張し、雑誌のように定期的に料金を支払うビジネスモデルを指すようになった。SaaSの以前からサブスクリプションの概念は存在したが、SaaSの登場により、利用状況や契約状況がデータで可視化されるようになり、データを用いて顧客の契約維持や契約拡大を促すという施策が進化していった。サブスクリプションモデルの拡大はZuoraの影響が大きく、SaaSのサブスクリプション請求システムから広く様々な領域に市場展開する過程で、SaaSにとらわれない一般的なビジネスモデルになった。

製品ログデータ

ITサービスのログイン、機能利用などのログデータ。ログイン回数、基本機能の利用回数などをログデータとして取得可能にし、見える化することで、顧客の状況が分かるようになる。

タッチモデル

Gainsight社が提唱したもので、顧客のタッチポイント（接触点）をモデル化したもの。１対１の対面コミュニケーションを行うハイタッチ、１対多の集合研修のような対面コミュニケーションを行うロータッチ、そしてデジタルをベースにしたサイト・動画・メールなどによるコミュニケーションを行うテックタッチの３つに分類される。

チャーンレート（解約率）

「解約件数÷契約件数」で計算される。例えば当月10社解約があり、総契約件数が200社であれば、10社÷200社で月次解約率は５％と計算できる。月次解約率が５％であれば、一見小さな数字に見えるが、毎月５％減り続けると考えると、１年では５％×12カ月=60％の顧客数減少なのでインパクトは大きい。理想値は月次１％以下である。また、１社当たりの単価の増減が激しい場合は、社数ではなく売り上げベースの解約率を見る。例えば1000万円÷２億円＝５％のような計算になる。

デジタルマーケティング

主にメール、サイト、SNS、動画などのデジタルチャネルを活用したマーケティング手法を指す。カスタマーサクセスにおけるテックタッチ（デジタルなコミュニケーション）においては、デジタルマーケティングで用いられているツールを応用して活用することもある。そのため、米国ではテックタッチの担当をデジタルマーケティング経験者が担うことが多い。ただし、デジタルマーケティングの人材は米国でも日本同様に希少であり、社内でもマーケティング部門に配置するか、カスタマーサクセス部門で配置するか人材獲得競争が起こっている。

テックタッチ

サイト・動画・メールといったデジタルな接点によるカスタマーサクセスコミュニケーション。ハイタッチのような人的なカスタマーサクセスに対し、テックタッチはデジタルが起点となるため、顧客が自分のタイミングで、自分が必要だと思うものを視聴する。そのため、視聴するに値する優良なコンテンツを準備することが重要になる。目の前の業務で役に立つツール活用方法のウェビナーやメールマガジンなど。またテックタッチはデータで視聴状況が計測可能のため、レポートを見ながらコンテンツ内容や配信方法の改善を行うことができる。

ノース・スター・メトリック

ビジネスにおける最注力指標をノース・スター・メトリックと呼ぶ。例えば、Facebookは「10日以内に友達が７人できる」と利用が定着すると言われている。製品サービスの価値が理解されるための最短かつ最重要な指標は何か？という問いに答える指標となる。ヘルススコアは広範なデータから解約を予測するアプローチだが、ノース・スター・メトリックは本当に重要な顧客のアクションや心理を絞り込んでデータで見るアプローチになる。これは「一番初めのカスタマーサクセスは何なのか？」を定義することにもつながる本質的なものであるため、カスタマーサクセスに限らず考えておきたい指標だ。

ハイタッチ

製品サービスの導入に対して対面で行うカスタマーサクセスコミュニケーション。製品導入プロジェクトを支援するという観点では、プロジェクトマネジメントに業務は近い。またコミュニケーションの中で契約を拡大する観点では法人営業、顧客の質問に直接答える観点ではカスタマーサポートにも業務は近い。

プロジェクトマネジメント

主にSI（システムインテグレーション、システムの開発と納品）におけるプロジェクト管理のノウハウまたは職種を指す。業務用システムを企業に納品するという観点では、SaaSもSIも同じであるため、SIのプロジェクトマネジメントはカスタマーサクセスでも生かせるスキルになる。大型のSaaS導入のプロジェクトになれば、カスタマーサクセスの業務もプロジェクトマネジメントに近い内容になり、ITコンサルティングの出身者が現在も多く活躍している。

プロダクトマネジメント

主にITプロダクトを中心に、プロダクトの企画や開発をマネジメントする業務や職業を指す。プロダクトマネジメントは顧客の要望・ニーズを基に進めるため、カスタマーサクセスとの相性が良い。カスタマーサクセスを経験した後に、プロダクトマネジメントの専任業務であるプロダクトマネジャーになるキャリアも存在する。

平均継続期間＝１÷解約率

契約の期間（継続期間）を計算するための計算式。解約率は毎月の解約社数と全体の契約社数から簡単に計算することができるため、この式からおおよその継続期間を見積もることができる。毎月２社解約、100社契約であれば２÷100で月次解約率は２％。１÷0.02で50カ月（約4.1年）の継続期間と計算ができる。もちろん、市況の変化によって１～２年以上で前提が大きく変わり、計算上は50カ月と理論値が出ても、実態は16カ月で着地することはあり得る。未来の数値のため、あくまで参考値となる。ただし、月次解約率を５％から２％に落とした場合、契約期間20カ月から50カ月へ理論値が変わるため、月10万円の契約単価とした場合に、200万円のLTVが500万円のLTVに変わる、といった、カスタマーサクセスの効果シミュレーションに活用することができる。

ヘルススコア

「顧客の健康状態」を指す用語。解約率を追うには、時間軸が長過ぎる（契約期間は6カ月や１年だったりする）ため、その先行指標となるようなデータをカスタマーサクセスでは設計する。それがヘルススコアである。本書でも解説しているがDEARフレームワークを使ってヘルススコアをつくることを、ヘルススコアツールのベンダーであるGainsight社が提唱している。

D：Deployment　初期設定の有無など立ち上がり状況
E：Engagement　セミナー参加やメール開封など顧客のやる気
A：Adaption　ログイン状況など継続的な利用状況
R：ROI　製品サービス導入によるパフォーマンス

ポストセールス

ポストは「後」を意味しており、ポストセールスは製品販売後の営業活動を指す。カスタマーサクセスの活動の一環としてポストセールスを行う場合と、営業力の高い営業部門でポストセールスを行い、カスタマーサクセスは営業部門に商談のパスを行う場合とがある。

モチベーション

カスタマーサクセスは企業側が頑張って導入を手助けする、という見方に偏りがちだが、実は顧客自身の製品導入のモチベーションが重要になる。なぜなら、改善する業務内容は顧客の企業内のものであり、顧客が変わりたい、改善したいという強い意欲を持っていなければ製品導入は成功しない。カスタマーサクセスとは、BtoBの領域であればこれまで行ってきたことのアンラーンをして、新しい仕事の仕方に変えていくということだ。そのために、成功したイメージを共有し、変革のための高いモチベーションを顧客自身が醸成するようなコミュニケーションが重要になる。

ユーザー交流会

ユーザー同士の交流イベント。カスタマーサクセスの生みの親であるSalesforce社の代表自ら積極的に行っていた施策。Salesforce社は立ち上げ期からユーザーを呼んだイベントを積極的に行っていた。イベントは、ベンダーの発表、顧客の発表、参加者交流といった構成で行われていたが、ある日、「参加者同士の交流だけでも盛り上がるのでは？」という案が浮かんで行われたようだ。顧客は他の顧客からの話を聞きたいもので、実際に使っている顧客の話は、ベンダーが発表することとは違った説得力がある。

リファクタリング

プログラミングの内部整備のこと。「今後、モノが増えたときのために部屋を整頓しておく」が分かりやすい例えだ。リファクタリングを適切なタイミングで行わなければ、新規の機能開発におけるスピードが落ちる、過去に実装した機能の制約からそもそも新規の機能開発ができない、といったことが発生し得る。リファクタリングでは新しい機能がつくられるわけではないので評価されにくいが、プロダクトを成長させていく観点では欠かせない取り組みになる。

ロータッチ

集合研修・セミナー・勉強会・ワークショップのような、1対多のカスタマーサクセスコミュニケーション。新型コロナウイルス禍によるリモートワークの普及から、ロータッチのコミュニケーションは対面では難しくなりつつあり、ウェビナーとして配信するなどテックタッチに比重が移り始めている。

プロローグ

Document
―ドキュメント―

株式会社Smart Lodging Bookは、都内に本社のあるホテルの予約サイト運営企業である。サブスクリプション型のSaaSビジネスを展開している。同社にとっての顧客はホテルであり、各ホテルの担当者が同社のサービスを使って簡単に「ホテルの紹介・予約ページ」を作成できるようにしている。元大手ウェブコンサルティング会社の役員が独立して立ち上げ、従業員900人の規模にまで急成長した。

本書の主人公は高山浩介。新卒後に大手の人材採用コンサルティング企業で営業企画に携わり、成績も順調に伸ばしてきたが、マンネリ化した日々に疑問を持ちながら過ごしていた。

そんなある日、人材採用イベントでSmart Lodging Bookの社長の話を聞く機会があり、その企業理念や人材に対する考え方に強く共鳴し、同社への転職を決意。

Smart Lodging Bookに入社すると、豊川貴久部長が率いる営業企画部に配属される。すると、実はSmart Lodging Bookでは多くのホテルを顧客としてきたが、新規顧客開拓の伸び率がやや低下してきていることから、既存顧客の解約率を下げることと、既存顧客からの売り上げを伸ばすことが部門の課題となっていることを知らされる。

そこで行われていたのが、「カスタマーサクセスを導入すべきではないか」という議論であった。

カスタマーサクセスという言葉を聞いた高山は、大学時代の先輩である藤島誓也がカスタマーサクセスに関する会社を立ち上げていたことを思い出し、同社のセミナーに参加して久しぶりに先輩との旧交を温める。これを機会に、高山はカスタマーサクセスについて興味を持ち始める。

そのようなとき、高山は部長の豊川との1on1ミーティングで、あるプロジェクトについて話をする。

STEP 1

カスタマーサクセスを体系的に学ぶ

1-1 基本を知る

行動1 カスタマーサクセスの歴史を知る

Document
ードキュメントー

高山はSmart Lodging Bookに入社後、しばらくはホテルの新規開拓営業を担当していたが、顧客へのフォローの的確さや提案力、そして企画力が見込まれて、現在はウェブディレクターとして自社サイトの企画やディレクションを行っている。

社内の業務フローについても、合理的ではないと感じると遠慮せずに改善しようとする行動力は、先輩社員たちからはやや生意気にも思われていた。しかし営業企画部長の豊川は、そのような高山を高く評価していた。

その豊川自身は、このところ新規顧客開拓による売り上げの伸びが鈍化していることから、既存顧客の解約率を下げ、同時に既存顧客からの売り上げを伸ばせないかと考え、参考書籍を読んだりセミナーに参加したりして、対策を考えていた。

そして今日は、社内で行われている1on1で高山と話す日だった。

「カスタマーサクセスって知っているか？」

豊川は高山に尋ねた。

「はい。先日も先輩の会社がやっているカスタマーサクセスのセミナーに参加してきました」

「それなら話は早い。高山君、うちでもカスタマーサクセスを導入しようと思う。君にやってもらえないだろうか」

「分かりました！」

高山はすぐさま快諾して見せたが、実は何から始めればよいのかさっぱり分からなかった。本も読んでいたが、実際に手を付けるには何から始めればよいのだろうか。

そこで高山は、カスタマーサクセスに詳しい先輩の藤島を訪ねた。

「おいおい、それってコンサルじゃないか。でもうちはカスタマーサクセスを専門にしているベンダーだし、お前と俺の仲でもある。特別に教えてやるか」

まずは歴史からだな、と藤島は早速レクチャーを始めた。

取るべき行動の解説

カスタマーサクセスの誕生

カスタマーサクセスを始めるに当たり、その理解を助けるために、まずは簡単にカスタマーサクセスの歴史をおさらいしておきます。

BtoBのSaaS企業であるSalesforce社がカスタマーサクセスの提唱者もしくは先駆者とされています。同社はOracle社の幹部だったマーク・ベニオフ氏により1999年に設立され、No softwareを提唱してSaaSやクラウドサービスの先駆けとなった会社です。

同社が設立された頃の業務システムは、自社サーバーにソフトウエアをインストールして使用するオンプレミスというスタイルが主流でしたが、コンシューマー向けのウェブ上のサービスのように、BtoBの営業ツールもウェブ上で使えるようになると同社は考えました。

ここから現在のSaaSやBtoB向けのサブスクリプションモデルが誕生し、2004年にはユーザー数1万社を突破して上場します。会社は順調に成長するも、サブスクリプションビジネスでは解約のインパクトが財務的に大きいという問題に直面し、同社は解約率を改善するための専門組織の必要性を打ち出します。それがカスタマーサクセス部門の始まりとされています。

2007年、Salesforce社の創業期メンバーであったティエン・ツオ氏がSaaSアプリケーション開発会社、Zuora社を創業します。同氏はサブスクリプションという言葉の産みの親とも言われており、同社はサブスクリプションにおける収益管理システムや会計システムを開発しています。

Salesforce社がカスタマーサクセスを打ち出し、Zuora社がサブスクリプションモデルを広めたといえます。特にZuora社は、サブスクリプションでプランごとやアカウント数ごとに課金状況が変わることで増大する会計の経理負担を軽減するシステムを提供しました。

同社が画期的であったのは、サブスクリプションモデルがBtoBにおいてもBtoCにおいても有効であることを唱え、このことを「サブスクリプションエコノミー」という言葉で広めたことです。

カスタマーサクセスの体系化

その後、米国でカスタマーサクセスに取り組み始める企業が増え、その波に乗るように、2009年、Gainsight社が登場します。同社はカスタマーサクセスを体系化し、カスタマーサクセスのデータ解析ツールの提供を始めます。

同社は、顧客と中長期的に付き合っていく中で、顧客との関係性や顧客の成功状況を可視化する必要があることを提唱しました。顧客との関係性や顧客の成功状況を色別のシグナルとして表示し、そのシグナルに合わせた顧客対応を行うのです。

Gainsight社はまた、カスタマーサクセスのタッチモデルや、カスタマーサクセスが次の数式で表せることも提唱しました。

CS（Customer Success）
＝CO（Customer Outcomes）＋CX（Customer eXperience）

さらに、カスタマーサクセスの業務プロセスは「オンボーディング」（Onboarding）、「アダプション」（Adoption）、「エクスパンション」（Expansion）の順で進めることや、顧客のジャーニーモデルなどの概念を広める役割を担います。

Gainsight社は、IT企業から始まったカスタマーサクセスの成功例を、その他の業界にも増やしていきました。例えばGE（General Electric）社は航空機の状態をセンサーでモニタリングし、部品に不備があればアラートを出すことで必要な整備や交換部品の手配を進める仕組みを導入しています。

Gainsight社が体系化したカスタマサーサクセスの概念が日本に入ってくるのは2020年ごろになります。日本でも2010年代後半になるとSaaS企業の上場が見られるようになってきます。特にfreee社やSansan社などの登場は、日本におけるカスタマーサクセスの普及にインパクトを与えました。

しかし当時はまだ、カスタマーサクセスは一部の感度の高いビジネスパーソンにのみ理解されている秘策のような位置付けでした。

そして2020年代に入ると、カスタマーサクセスへの就業人数が急激に伸び始めます。そしてこの数年は、「それではカスタマーサクセスが重要なことは分かったけれども、何から始めればよいのか」と疑問を持つ人が増えてきて現在に至っています。

現在のカスタマーサクセス導入実績ではBtoBが先行していますが、今後はBtoCでも普及していくでしょう。

CRMとの融合

SaaSのカスタマーサクセスにおいては、NDRやNRRといった指標が使われます。NDR（Net Dollar Retention）は既存顧客の売り上げを前年比でどのくらい維持できているのかを測る指標で、NRR（Net Revenue Retention）も同じ意味です。

これまで、ウェブのマーケティングではCPA（Cost Per Acquisition）が重視されてきました。CPAとは顧客を獲得するために掛かった費用です。例えばGoogle社でリスティング広告を運用している際に、3000円の商品を購入する顧客を2000円の費用で獲得できれば1000円の利益が出るといった判断です。

ところが昨今はネット広告の配信料金も上がってきており、3000円の商品が購入されるために広告費が8000円掛かってしまうような事態が起きています。

つまり、商品の初回販売時には損失が発生してしまうのです。しかし、同じ顧客がその商品を３回リピート購入してくれれば売り上げは9000円になり利益を確保できます。

このように継続的な購入をしてもらうためには、カスタマーサクセスが必要です。従来、このように解約を阻止する働きかけはCRM（Customer Relationship Management）が担っていました。CRMとは顧客関係管理と訳され、顧客との関係を良好に保つ施策で、今後はCRMとカスタマーサクセスが融合する方向に向かうと考えられています。

行動2 カスタマーサクセスの目的・体制を押さえる

Document
ードキュメントー

高山がデスクで資料をまとめていると、部長の豊川が声を掛けてきた。

「カスタマーサクセスについては分かってきたか？」

「はい、歴史的なことはだいたい」

高山がうなずくと、豊川はにっこり笑った。

「そうか。それなら、カスタマーサクセスに漠然と取り組んでもしょうがないから、目標を立てて提出してくれ」

豊川は高山の肩を軽くたたくと、次の用事があるらしく足早に部屋を出て行った。

――確かに目標がないと行き当たりばったりになってしまうな。しかし、カスタマーサクセスの目標とは何だろう。サブスクリプションだから顧客生涯価値のLTV（Life Time Value）の数値を掲げるのだろうか？

高山は、藤島にメールを送信した。「カスタマーサクセスの目標とは何ですか？　今度教えてください」

取るべき行動の解説

NRR・NDRを設定する

カスタマーサクセスは、既存顧客をベースにした経営戦略であり企業戦略です。したがって、契約した顧客の売上最大化がどのくらいできたのかが一つの目標になります。

分かりやすい指標としては既にお話ししたNRR（Net Revenue Retention）やNDR（Net Dollar Retention）があります。NRRは「売上継続率」や「売上維持率」とも呼ばれ、既存顧客の売り上げが前年比でどのくらい維持できているかを示します（**図表1-1**）。

■売上継続率（NRR・NDR）

１年前に契約した顧客の現在の売り上げ

同顧客の１年前の売り上げ

図表1-1　売上継続率

例えば、１年前に獲得した顧客の売り上げが１億円で、同じ顧客の現在の売り上げが9000万円であれば、

NRR・NDR＝9000万円÷１億円×100＝90％

となります。

一方、現在の売り上げが１億1000万円なら、

NRR・NDR＝１億1000万円÷１億円×100＝110％

となります。

NRR・NDRが100％を超えていれば、新規顧客を獲得していなくても売り上げが増加していることを示しますし、100％未満であれば新規顧客の獲得で売り上げを補わなければなりません。

ですから、カスタマーサクセスの目標として、NRR・NDRを110％にする、あるいは120％にすることを掲げます。この場合なら、新規顧客を獲得しなくても、売り上げが10～20％増加することになります。

例えばオンラインビデオ会議ツールをサブスクリプションで提供しているZoom Video Communications社（以下、Zoom社）は、NDRが130％に達しているとのことですので、これは新規契約を獲得しなくても毎年30％の売上増になっていることを示しています※。

※ Seeking Alpha「Zoom Is A Buy For 2022 (NASDAQ:ZM)」

一方、NRR・NDRが70％や60％であれば、常に新規顧客を獲得していく必要があります。

しかし、日本市場で考えると、人口が減少している状況で新規顧客を獲得し続けるのは困難です。その分、既存顧客の売り上げを維持し、さらに拡大する必要があります。

ただし、本書の主人公のように、カスタマーサクセスを始めたばかりであれば、1年後の結果を待つだけでなく、半年ごとのNRR・NDRをモニタリングしながら、カスタマーサクセスの施策が適切かどうかを確認する必要があるでしょう。

特に、NRR・NDRをモニタリングしていないと、単に解約率が下がって更新が続いていることでカスタマーサクセスが成功していると判断してしまいます。しかしNRR・NDRの目標値を110%などに設定すれば、アップセルやクロスセルによる既存顧客からの売上増加の施策を検討しなければならないことに気付けます。

売り上げを上げる仕組みづくりを考える

Zoom社が巧みなのは、ウェビナーオプションを付けたり、ユーザー企業の中の利用部門が増えれば売り上げが上がる仕組みが用意されていることです。

既存顧客からの売り上げが上がる仕組みを設計することが重要になってきます。そのためには、利用者数の増加に伴い利用料金が上がったり、オプションを利用することで利用料金が上がったりする仕組みが必要です。

そのうえで、既存顧客がより多くの人数でより多くの機能を使いたくなるように導くための体験設計や販売の仕組みを強化することを考えなければなりません。

この前提として、顧客が商品やサービスを購入した後に、それらをうまく活用できるようにしなければなりません。NRR・NDRを高めるには、まず、契約の更新が行われることが必須の前提となります。そのうえでアップセルやクロスセルが可能になります。そのためには、顧客とのコミュニケーションが重要になってきます。

このとき、BtoCのCRMの考え方でありがちな、複数購入者にはクーポンを付与するとか、継続契約に対しては割引するなどの特典で継続率を高めようとすると、それはロイヤルティーが高まっているのではなく、価格が下がっていることになりますので本質的なNRR・NDRは上がりません。売り上げは増えますが、クーポンや割引により利益は下がってしまいます。

したがって、カスタマーサクセスとしては、利用者が増えたり機能を拡張したりすることが顧客にとってメリットがあり、とても魅力的であることを伝えられなければなりません。例えばオンラインビデオ会議やグループウエアなどについて、利用部門を増やしたり、オプション機能を利用したりすることにより生産性が高まったという体験が必要になります。このような状態があって、初めてカスタマーサクセスが機能します。

本書の主人公が携わっているホテルの予約サービスであれば、ホームページ作成ツールに動画を貼り付けて、よりリッチなコンテンツを作成できる機能を追加するとオプション料金が掛かるとか、オプション料金を払うとサイト内での広告露出度が高まるなどの仕組みが必要です。

このようなオプション料金を払うことで自動的に付与される機能だけでなく、例えば魅力的な動画の撮影から編集までを任せられるオプションサービスなども考えられます。

つまり、ホテル予約サービスにとってのカスタマーサクセスとは、顧客のホテルがより魅力的に紹介されて、予約が増え続ける状態になることです。そのことを可能にするための妥当性のある価格プランも用意します。

このように、カスタマーサクセスでNRR・NDRを目標値として掲げることで、具体的な施策の検討に入りやすくなります。

行動3 実践例を基に業務内容を把握する

Document
―ドキュメント―

高山が会議室で待っていると、「お、ご苦労さん」と言いながら部長の豊川が入ってきて高山の向かいに座った。今日は1on1ミーティングの日だ。

「で、カスタマーサクセスの目標は定まったか？」

豊川の問いかけに高山は「はい。チャーンレート（解約率）でいきます」と答えながらも自信はなかった。先輩の藤島からはNRRなどの細かな説明を受けたのだが、いまいち理解できなかったため、ネットで調べたところ、どうやら多くの企業がチャーンレートをカスタマーサクセスの指標としているらしいと知り、そう答えたのだ。

「チャーンレートねぇ。で、これをどうやって目標に据えるんだ？　具体的なアクションは？」

「えーと」

高山は慌てた。実は深く考えていなかったのだ。

「高山君、少し手を抜いたんじゃないのか？」

「いえ、いろいろ調べたら、カスタマーサクセスの効果を知るためにはチャーンレートがいいみたいだと……」

高山は恐る恐るネットで見つけたグラフをプリントアウトして豊川に差し出した（**図表1-2**）。

■カスタマーサクセスの指標

1位　チャーンレート（解約率）
2位　アップセル／クロスセル
3位　LTV
⋮

図表1-2　カスタマーサクセスの指標

確かにチャーンレートは多くの企業が追いかけている指標のようだな、と豊川は腕を組んだ。

「しかし、チャーンレートを目標にすると、いろいろと手遅れになることがあるんじゃないのかな？」

豊川の懸念を高山は理解できなかった。深く考えていなかったのだ。

「まぁ分かった。目の前の仕事も忙しいだろうが、カスタマーサクセスについてももう少し、具体的な業務に落とせるようにしてておいてくれ」

「分かりました」

藤島先輩にまた教えてもらわないとまずいな、と高山は自分の席に戻った。

取るべき行動の解説

チャーンレートは維持されて当たり前

日本では取り上げられやすいチャーンレートですが、この指標は既存顧客を維持できているかどうかを確認するものであり、この指標自体は売り上げを上げるための目標にはなりません。あくまで「既存顧客を維持しました」と言っているにすぎず、「売り上げが上がったわけではない」と指摘されてしまうことから、米国の企業においてはこれだけでは評価されないのです。

その一方で、チャーンレートが上がれば現状維持すらできていないと厳しく追及されます。

そのため、米国では売り上げの変化を把握できるNRRが重視されています。企業としては、解約されることを防いだうえで、さらに売り上げを伸ばす取り組みが行われていなければなりません。

そこでNRRを上げるためには、プロダクトを増やすことになります。つまりクロスセルとアップセルを実現するためにはプロダクトがなければならないということです。したがって、カスタマーサクセスを実践している企業はプロダクトを増やしています。

例えば主人公の高山氏の前職である人材採用の業界であれば、マッチング系サービスでただ求人情報を掲載するだけでなく、スカウト機能を追加し、この機能に価格を設定することがプロダクトを増やすことに該当します。あるいは、登録できるアカウント数により利用料が変わってくるなどの価格設計を行います。つまり、価格プランを増やすのです。

多くのサブスクリプション型サービスでは、利用できる機能の範囲に応じて、「トライアル、ライト、ベーシック、プレミアム」などのグレードを用意して価格プランを設定していることがよくあります。

このような施策を実施するに当たり、高山氏が答えたチャーンレートは、維持されていて当然の指標になります。契約更新を維持するためには、まず、製品の利用をスムーズに始められる状態をつくる必要があります。

例えばホテルの予約サービスであれば、予約ページの公開がスムーズにできなければなりません。カスタマーサクセスのフェーズは「オンボーディング、アダプション、エクスパンション」の順に進んでいきますが、顧客がオンボーディングでつまずいてしまったら、クロスセルもアップセルもありません。

チャーンレートを目標にするリスク

また、チャーンレートが目標として設定しにくい理由として、数値が出るまでに１～２年と時間がかかることが挙げられます。ホテル予約サービスにしても、解約するまでには１年以上の時間がかかると考えられます。そのため、目標の数値とするには時間がかかり過ぎるので現実的ではありません。

チャーンレートを維持するには、オンボーディング、アダプション、エクスパンションとステップに分けてカスタマーサクセスできるようにする必要があります。プロセスを明確に分けて、導入開始からその後の利用ができる段階、そして継続的な利用が行われる段階、最終的に契約プランを上げていく段階、というようなステップ分けが必要です。

ですから、チャーンレートを目標にするのではなく、チャーンレートのマイルストーンになるような中間の指標を目標に設定するほうが現実的です。例えば導入率や利用率、ログイン率などです。

つまり、チャーンレートを目標値として掲げていると、その間に必要な施策を行うことができずに解約されてしまう可能性があり、それを防げなかったという事態になってしまうリスクがあります。

このことを、上司の豊川氏は懸念したのです。豊川氏の言った「手遅れ」とは、チャーンレートの数値が分かるまでに、導入、利用、継続、そして拡大というステップごとに必要な手を打っておかなければ、カスタマーサクセスとしては失敗するという意味だったのです。

このことまで考えが至っていれば、高山氏にはやるべきことがたくさんあることが見えてきます。

解約される理由は様々です。例えば、「導入前に営業から言われていたことと実際の使い勝手が異なっていた」「カスタマーサポートに問い合わせをしたら、対応が悪くていら立ちを感じた」「製品を使ってみたら、バグが多くて嫌気が差した」「後から知った他の製品の方が価格が安かった」などです。解約の理由によっては、カスタマーサクセスがコミュニケーションを取るだけではいかんともしがたいものがあります。

基本的に、カスタマーサクセスができることは顧客への提案です。より便利な機能や効率を高める使い方を紹介したり、あるいは顧客がつまずいている段階を乗り切れるようにサポートしたりすることです。

こうしたカスタマーサクセスの活動だけでは解消できない解約原因を無くすために顧客との接点を常に持ち、他の部門にフィードバックして解約を防ぐ仕組みづくりに貢献できなければなりません。

つまり、カスタマーサクセスにはVOC（Voice Of Customer）を常に拾い上げ、関連部門にフィードバックし、契約が維持される仕組みを全社的につくり上げる使命があります。そのため、例えば他部門との定期的な合同ミーティングを行うことも、カスタマーサクセスの行動目標になります。

したがって､型通りにチャーンレートを目標に定めるのではなく、売り上げの拡大や中間指標となるKPIまでを理解し、目標を定めたほうがよいでしょう。目標として設定すべきことが分かれば、それらの目標を達成するために必要な行動も明確になってきます。そして、カスタマーサクセスが単独で実施できることと、他部門と連携しなければ実施できないことも明らかになってきます。

1-2 応用を知る

行動4 カスタマーサクセスのフレームワークを知る

Document
―ドキュメント―

――ほほう、真剣になってきたな。

部長の豊川は高山の席の近くまで来たが、高山がカスタマーサクセスに関する本を積み上げ、その中の一冊を真剣に読んでいる姿を見て、何も言わずに自分の席に戻っていった。

――少し安直に考えていたな。

高山はネット上の情報から、カスタマーサクセスの目標はチャーンレートでよいと考えたのだが、そのことについて先輩の藤島から、そのことが日本の企業が陥りやすい思考法であることを諭された。そして、カスタマーサクセスの奥の深さに気付かされたのだ。

しかし、面白くもなってきた。とはいえ、やはり買ってきた本ではなかなか本質的な部分に近付けない気がした。

――もっと藤島先輩からカスタマーサクセスの肝のような話は聞けないだろうか。

取るべき行動の解説

Gainsight社のタッチモデル

行動1で登場したGainsight社は、2013年に「カスタマーサクセス10の原則」を公開しています。また、カスタマーサクセスの青本と呼ばれる『カスタマーサクセス――サブスクリプション時代に求められる「顧客の成功」10の原則』(ニック・メータ、ダン・スタインマン、リンカーン・マーフィー著/英治出版/2018年)も出版しています。

この本は、日米でカスタマーサクセスのバイブル書の地位を確立しています。ただ、同社がまだ設立して間もないタイミングで出版され、かつ、複数の著者が書いているため、きちんとまとめ切れていない印象が個人的にはありました。

とはいえ、同社はフレームワークを準備することにたけた企業ですので、同社が確立したカスタマーサクセスのフレームワークは日本でもスタンダードとして知られています。

特に同社が提唱して有名になったのはタッチモデルです。ハイタッチ・ロータッチ・テックタッチと階層化して、顧客の数によりコミュニケーションのタッチポイントをヒューマンなものからデジタルなものに使い分けていくことを示しています(**図表1-3**)。

同社の製品は、ITコンサルティングに近い業務を行うような企業で使われることを想定し、基本的にハイタッチを前提にしています。つまり、カスタマーサクセスマネジャーの一人ひとりが、丁寧

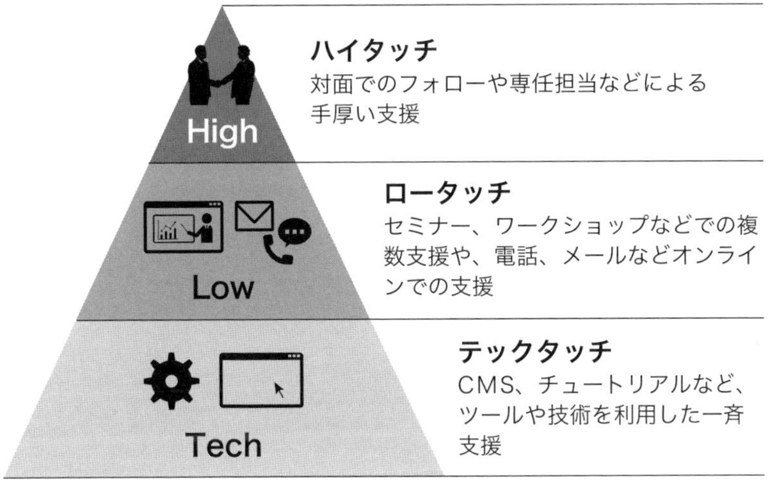

図表1-3　タッチモデル

に顧客をサポートしていく利用シーンを考えてつくられたものです。そのために、詳細な顧客レポートを作成できる製品を提供していました。

この製品で画期的だったのは、顧客のアウトカムヘルスやエクスペリエンスヘルスなどのデータを集約し、その状況を青信号や赤信号などで表示して顧客の状況を可視化したことです。つまり、製品の利用状況やNPS（Net Promoter Score）、オンボーディングの状態などをすべて集約し、そのデータを基にコンサルティングします。

同社の製品は比較的複雑なカスタマーサクセスを行える大手企業向けで、実際にWorkday社やLinkedIn社、Box社などが主要顧客となっています。ハイタッチ製品に特化していましたが、近年はテックタッチ製品も出してきています。

カスタマーサクセスは「成果＋体験」

Gainsight社は、カスタマーサクセスのジャーニーについて「オンボーディング、アダプション、エクスパンション」というモデルをつくりました。既存顧客のジャーニーもしっかりつくる必要性を打ち出したのです。そしてオンボーディングから利用を拡大していく体験設計をフレームワーク化しました。そのほか、カスタマーサクセスは成果と体験を合わせたものだという式を提唱しました。すなわち「CS（Customer Success）＝CO（Customer Outcomes）＋CX（Customer eXperience）」です。

例えばホテルの予約サービスであれば、利用しているホテルからすれば予約が増えているという成果（CO）が最低限必要です。それに使い勝手の良さや楽しさ、効率が上がっている実感といった顧客体験（CX）を合わせたものがカスタマーサクセスとなります。

期待するCOが出るまでには時間がかかります。顧客が製品を試行錯誤している期間があり、この間に「嫌だな」「使いにくいな」などと思われてしまうと、解約される可能性が高まります。この長い期間の体験を、「楽だった」「楽しかった」「良い提案やアドバイスを得られた」などのポジティブな体験（CX）にする必要があります。

カスタマーサクセスは購入後の成果に加え、顧客体験に直接コミットしているのです。一般的なマーケティングやセールスでは製品が購入されることに注力します。そして購入された量や金額が成果となります。

例えば洋服などすぐに成果が分かるものであれば、マーケティングは購入されるまでに様々な手を尽くします。なぜなら購入された時点で顧客はすぐ成果を実感することができるからです。

一方のカスタマーサクセスは、購入された後の使い勝手の良さや、「使ってみて快適だった」という体験が評価されるまでが対象となります。多機能なものや、一見しただけでは難しく感じてしまう商品の場合、購入後の顧客の評価がポイントになるためです。

同社は購入後のカスタマージャーニーにおける「オンボーディング、アダプション、エクスパンション」の各段階で、カスタマーサクセスがそれぞれどのような行動を取り、どのようなデータを集めるべきなのかも定義しています。Gainsight社が提唱しているカスタマーサクセスのフレームワークについて学ぶことが、カスタマーサクセスの肝を学ぶことになります。

行動 5　カスタマーサクセスの価値を計算する

Document
―ドキュメント―

高山は先輩の藤島からカスタマーサクセスの歴史やフレームワークについてレクチャーを受け、大枠は理解できたと思っていた。

また、上司からカスタマーサクセスでは何を目標とするべきなのかを追及されるなどの経験を経て、次に準備しておかなければならないことも考えていた。

――そうか。豊川部長は数字が好きな人だから、次の1on1ミーティングでは、必ずカスタマーサクセスの価値を数字で示すように言われるだろう。

しかし、カスタマーサクセスの価値を数字で示すとはどういうことなのか。これはまた、藤島先輩に教えてもらわねば、と藤島の都合を確認するメールを送信した。

取るべき行動の解説

LTVを高める

カスタマーサクセスが生まれた背景には、サブスクリプションのビジネスモデルがあります。そしてサブスクリプションは、一般的に月額課金の仕組みを採用しています。

サブスクリプションにおける売り上げは、月当たりの単価に継続月数を掛ければ算出されます。例えば月当たり10万円の料金で12カ月継続されれば120万円の売り上げになりますし、月当たりが20万円なら12カ月で240万円になります。

このように1人の顧客あるいは1社の顧客が取引開始から終わりまでの期間、つまり顧客ライフサイクル内にどれだけの利益をもたらしたのかを算出したのがLTV（Life Time Value）で、「顧客生涯価値」と訳されています（**図表1-4**①）。

① LTV ＝平均単価 × 平均継続期間

② 平均継続期間 ＝ 1 ÷ 解約率

図表1-4　LTV（顧客生涯価値）

カスタマーサクセスが効果的に施されているほど契約期間が延び、LTVが高まります。ここでオプションが追加されたり他の製品も契約されたり、あるいは契約中のプランのグレードを上げることができれば、LTVはさらに上がります。

実際にシミュレートしてみるとその差の大きさに驚きます。まず、**図表1-4**②のように、期間想定のない場合に解約率から継続期間を推計する方法があります。例えば、月次解約率が２％であれば、「１÷0.02＝50」で平均継続期間が50カ月です。月次解約率が1.5％に減れば継続期間は「１÷0.015＝66.6」で66カ月に延びます。逆に月次解約率が４％であれば継続期間は「１÷0.04＝25」で25カ月に短縮され、月次解約率が10％であれば継続期間は「１÷0.1＝10」で10カ月に短縮されます。

次に、単価を設定してLTVを算出してみましょう。例えば平均単価が５万円のとき、月次解約率が10％であれば「５万×１÷0.1＝50万」で、つまり継続期間は10カ月となりますので、LTVは50万円になります。

ここで月次解約率を６％に下げることができると「５万×１÷0.06＝約83万」で、つまり継続期間は約16.6カ月ですからLTVは約83万円に上がります。既存顧客だけでこれだけ上がるのです。

このとき、オプションやコースの変更、別製品の契約などにより単価が７万円になると「７万×１÷0.06＝約116万」で、LTVは約116万円と一気に上がります。

NRR・NDRを高める

このシミュレーションから、サブスクリプションは解約率と単価の調整によるインパクトが大きいビジネスモデルであることが分かります。

例えば高山氏の担当するホテル予約サービスであれば、製品のメニューに契約期間が6カ月掲載プランと12カ月掲載プラン、さらに2年掲載プランがあるとします。カスタマーサクセスとしては、顧客がプランを解約することを防ぎ、より継続期間が長いプランを選ぶような対策を施す必要があります。

LTVの伸びがカスタマーサクセスの価値の数値化になります。チャーンレートではどのくらい売り上げや利益が減ったかは分かりますが、増えたことは把握できません。一方、既存顧客の売り上げの前年比が分かるNRRやNDRであれば、カスタマーサクセスが売り上げに貢献しているかいないかが数値として把握できます。

ホテル予約サービスであれば、例えば解約はしなかったとしても、安いプランにグレードダウンされる可能性があります。このことはチャーンレートでは把握できませんが、NRRやNDRであれば数字に表れます。

既存顧客の数が減っていないにもかかわらずNRRやNDRが下がっているのであれば、上位プランで用意されている機能は結局利用されていなかった、あるいは必要とされていなかったことが分かります。このことが分かれば、カスタマーサクセスとしてどのような手を打つべきか見えてきます。

高山氏がNRRやNDRを上司に報告すれば、チャーンレートを提示するよりも、カスタマーサクセスの意義を伝えることができます。

行動 6　自組織に導入する仮説を立てる

Document
―ドキュメント―

高山は会議室を出ると、「うーん」と唸った。豊川部長と1on1ミーティングを終えたところなのだ。

今回のミーティングでは、前回の課題であったカスタマーサクセスの価値の数値化について、チャーンレートではなく、NRRやNDRを採用することをうまく説明できた。

しかし、カスタマーサクセスで、具体的に行うべき施策について説明したところ、「それはCRM（Customer Relationship Management）とどう違うのかね？」と質問されて答えられなかったのだ。

確かにCRMとの違いを説明できないようではカスタマーサクセスを導入することはできない。

高山はウェブディレクションの経験があるため、どうしてもBtoCにおけるコンバージョン率の向上を目指してしまいがちなのだ。つい、掲載サイトへのアクセスを増やすSEOや、閲覧者の滞在時間を延ばすコンテンツの仕掛けづくりなどに目がいってしまう。

しかしこれらの施策は、新規顧客を獲得するための発想であって、既存顧客の解約率を減らしLTVを高めることとは全く異なる施策だ。

それで豊川部長と話しをしているうちに、自分でもよく分からなくなってしまった。

——藤島先輩なら、頭の中を整理してくれるかもしれない。

取るべき行動の解説

カスタマーサクセスとCRM

カスタマーサクセスはまだ理解されていない部分があります。特に日本の企業では、カスタマーサクセスをBtoCの場合はマーケティング部門やCRM部門に、BtoBの場合は営業部門や営業企画部門に任せることが多いため、CRMとの境目は曖昧になってきています。むしろ、CRMがカスタマーサクセスを包含することで、その役割が拡張しているともいえます。そのため、CRM部をカスタマーサクセス部に呼び変えるようなことも増えてきています。もともとCRMの仕事はカスタマーサクセスにかなり近いといえます。

図表1-5は、マーケターと呼ばれる人たちが、リピート購入を促進するために行っている施策を表しています。

マーケターが行う基本的な施策は、広告を打ったりSEOを施したり、あるいはSNSを運用したりアフィリエイト記事を手配したり

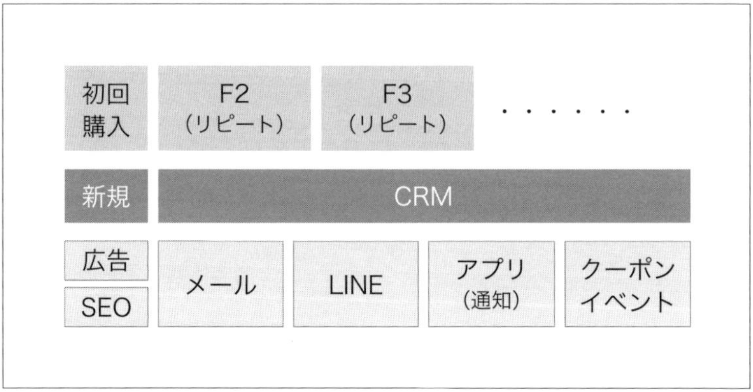

図表1-5 マーケターによるリピート購入を促進する施策

することです。これらの施策は初回購入を促しているのです。同時に、これらの施策はリピート購入も促すための施策になっています。

特にBtoCでは購入経験者にメールを配信したり、アプリのプッシュ通知を利用したり、LINEの公式アカウントから連絡したりします。また、ポイントプログラムも行います。

これらはCRMの施策でもあり、つまりはリピート購入を促進することでLTVを高めようとしているのです。すなわち、カスタマーサクセスとほぼ同じです。

ただ、CRMが行っているのは販売促進に閉じた施策です。ここがカスタマーサクセスに非常に近いながらも異なる部分です。軽度なカスタマーサクセスと言ってもいいでしょう。

昨今は、これらのプッシュ営業的な施策は効果を出せなくなっています。販促メールを打っても通知を出しても、「また広告か」とほぼスルーされてしまうのです。

そこでカスタマーサクセスの施策が重要になってきます。すなわち、顧客体験の成功を実現するために、広告ではなく商品の使い方の説明やより効果的な使い方の提案、プランの変更によるメリットの紹介や顧客満足度を高めるためのオプションの提供などを行います。これらの施策により、LTVを高めていきます。

カスタマーサクセスのスタッフ数

BtoC企業の場合は、カスタマーサクセスをDX部門に担わせる例も増えてきました。BtoCの場合は顧客と対面でカスタマーサクセスを行うことは非常に難しくなります。そこでシステムによるテックタッチを採用することが合理的とされ、最もシステムの運用に親和性の高いDX部門に任せられるのです。

実際にある化粧品メーカーのカスタマーサクセス担当者の名刺を見たら、「コンシューマープロダクツDX戦略センターDXデザイン部」となっていました。この人が何をしているのかというと、カスタマーサクセスの一環として、AI肌診断などを行っていました。つまり顧客一人ひとりの肌の状況に応じた製品の選択や利用方法を推奨するのです。あるいはバーチャル白髪染めにより、白髪染めをしたときのイメージを提示することで、製品のより効果的な利用方法をレクチャーしていました。

これらの施策もカスタマーサクセスと見なすことができます。

ただし本書の主人公である高山氏の場合にはBtoBの文脈が強く、カスタマーサクセスを設置する会社の比率の多くを占めるのがBtoBの企業であることから、本書のケースにおいても、独立した部門としてカスタマーサクセス部を設置することが理想的です。おそらく営業部から人材を引き抜いてカスタマーサクセス担当にすることになるでしょう。

ホテル予約サービスの既存顧客がどのくらいいるのかにより、カスタマーサクセス部門の規模が決まってきます。

例えば、登録しているホテル数が2600あり、各社最低１人の担当者を置いていることを前提にすれば、カスタマーサクセスがフォローすべき顧客数は最低でも2600人となります。これらの顧客にハイタッチを行うのであれば、仮にカスタマーサクセスの担当者１人につき100人までをハイタッチでサポートできるとしたら、26人のカスタマーサクセス担当者が必要になります。

企業の規模にもよりますが、新設部門にいきなり26人のスタッフを投入するのは、かなり大胆な人員割り当てになります。

そこで、現実的には限られたスタッフで対応するために、既存顧客をジャンルで分けてハイタッチの対象に優先順位をつけることになるでしょう。例えば既存顧客を旅館、リゾート、シティー、ビジネスなどに分類し、現在はビジネス用途の伸びに勢いがあるということであれば、まずはビジネス用途の予約に特化したカスタマーサクセスに着手することが考えられます。

仮にビジネス用途に絞り込むことでハイタッチの対象顧客数が10分の１の260人にできれば、３人ほどのスタッフから始められます。

この体制でチャーンを減らし、より高額なプランへの変更やオプション購入を勧めることができてNRRやNDRを上げた実績をつくれれば、他のジャンルに横展開していくことができます。

SaaSで最初から数千規模の顧客が付いている場合は少ないですから、既存顧客数が数百人もしくは数百社であれば、カスタマーサクセスの担当者を初めから設置し、少しずつ増やしていくことはそれほど難しいことではないでしょう。

STEP 2

カスタマーサクセスを1人で始める

2-1 活動を開始する

行動7 必要最小限の施策を洗い出す

Document
ードキュメントー

高山はいったん既存の業務から離れて考えごとをしたいと思い、ノートパソコンを持って幾つかある打ち合わせブースの一つに入った。

――さて、カスタマーサクセスの概念的なことはおおよそ理解できた。いよいよ実際に業務として始めてみないと。

高山はワープロソフトを起動して、実際にやるべきことを確認し始めた。実は既に、先輩の藤島からカスタマーサクセスとして何から始めればよいのかレクチャーを受けていたのだ。そのときのメモを読み返し始めた。

取るべき行動の解説

まずは顧客を絞り込む

カスタマーサクセスを実際に始める際、まだ立ち上げメンバーが１人であれば、いきなりすべての既存顧客をフォローすることは困難です。そこで、ハイタッチを行うべき顧客を絞り込んでフォローするか、それともロータッチにはなりますが、集合研修などを月に２～３回開いて、できるだけ多くの顧客に同時に製品の使い方などを説明する場を設けるか、どちらかに集中することになります。つまり、1対1で始めるか、1対多で始めるかを決めるのです。もちろん、余裕があれば両方実践したほうがいいでしょう。

もし1対1のハイタッチを行うのであれば、既存顧客を絞り込む必要があります。それには、ジャンルで絞り込む方法と、フェーズで絞り込む方法があります。

フェーズとは「オンボーディング」「アダプション」「エクスパンション」のことで、既存顧客はこの順に段階を進めていきます。カスタマーサクセスの最初の一歩にふさわしいのは、オンボーディングの段階にある顧客を対象にすることです。

しかも、顧客にとって最も有益なのはオンボーディング段階でのフォローであり、顧客に継続してもらえる効果が出やすいです。そしてオンボーディングでの成果は、顧客のログイン状況や設定の進み具合、利用しているサービスの範囲などで確認できます。

例えば、ホテル予約サービスのオンボーディングで得られる成果は、顧客がホテルの紹介ページを公開し、予約を受け付けられる状態になることです。

顧客のログを確認する

予約申し込みの状態はシステムの管理画面で確認できるようになっていますが、まだ分析用の機能までは用意されていないはずですので、まずはカスタマーサクセスの担当者がログを書き出してスプレッドシートにまとめて、各顧客の利用状況を把握するローテクな段階から始まると思われます。

例えば、対象顧客のログイン状況をチェックして、既にほとんどの顧客が何度もログインしている中で１度しかログインしていない顧客をマークしたり、予約ページを公開したかどうかの状況を確認したりします。あるいはメニューのアイテムを増やしているかどうかなどの状況を把握します。

そしてこれらの状況をより効率的に把握するための仕組みを徐々につくり上げていきます。例えば高山氏のようにウェブディレクション時代にデータベース操作言語SQL（Structured Query Language）を活用した経験があれば、ホテル予約サービスから書き出したログデータをデータベース化し、SQLのコマンドを利用して顧客の状況を確認できるかもしれません。

さらに投資できるのであれば、SQLのデータをBI（Business Inteligence）ツールに吸い上げてレポートとして可視化するといった活用法も考えられます。

もし、そもそもログデータが残されていないようであれば、開発部門に依頼し、顧客の利用状況のログデータが残るようにシステムを改修してもらう必要があります。

将来的には、ログデータを活用してヘルススコア（「行動29」で説明します）を分析することも必要になってきますが、まだこの段階では簡素的なログインの計測あたりから始めることになります。

一方、ロータッチとして1対多でカスタマーサクセスを始めるのであれば、最初は月に2～3回の製品活用セミナーを開催します。そこでオンボーディングで達成してほしい設定方法や利用方法を説明します。また、どのように活用すると顧客の売り上げを増やせるかなどの効果についても説明します。

例えばホテルの予約サービスであれば、ホテルの施設の見せ方や訴求すべきサービスの紹介方法などを伝え、それらを実現するための製品の機能と使い方を説明します。さらに、次のセミナーまでにどのくらい利用できていることが理想的かなども説明し、顧客の利用を促します。

行動 8 初めての製品オンボーディングに取り組む

Document
―ドキュメント―

高山は、「カスタマーサクセスとして始めること」と書いたメモを読み返しながら、「まずはオンボーディングのつくり込みからだな」と独り合点した。

オンボーディングは、その後の継続を決めるので特に重要だと藤島からは念を押された。

――ここは藤島先輩の話を復習しながら、じっくりと取り組まないと。

高山はまず、オンボーディングの対象となる顧客の絞り込みを始めた。

取るべき行動の解説

オンボーディングの範囲

オンボーディングするためには、どのような話をするのかが重要です。オンボーディングを終えたときには、顧客は製品をうまく使い続けることができ、顧客自身が成果を出せる状態になっていなければなりません。

したがって、どこまでがオンボーディングであるのかは、製品により異なってきます。ビジネスの現場で「ノース・スター・メトリック」(North Star Metric) という言葉を使うことがあります。ノース・スター・メトリックとは「北極星指標」とも訳され、船乗りたちにとっての北極星のように、ビジネスを行うチームの目標と方向性を示す指標を意味します。

例えば、Twitterをマーケティングに活用するなら「フォロワーが1万人以上になればオンボーディングできた」とか、動画コンテンツを配信している企業であれば、「ユーザーが毎月10時間滞在している状態になった」などです。

ホテルの予約サービスであれば、「製品説明をしてから顧客自身のホテルのページが出来上がり、紹介文が500文字以上で記述され、イメージ写真が5枚以上登録されている、あるいは宿泊プランも3プラン以上登録されている状態までがオンボーディングである」などと定義します。

コロナ禍のような状況にあれば、「感染症に対してどのような対策が実施されているのかについての説明が登録されるまで」と定義されるかもしれません。

オンボーディングから逆算する

したがって、オンボーディング時のミーティングや説明会では、ホテルのページのつくり方や紹介文の書き方、イメージ写真の選び方、宿泊プランの登録方法など、オンボーディングの定義から逆算した内容を説明する必要があると分かります。

そこで１対多のロータッチであれば、月に２回の説明会を行うとして、１回目は紹介文の書き方と魅力的なイメージ写真の選び方、２回目には宿泊プランの登録方法を理解されるまで解説することがオンボーディングのプロセスとして必要になります。メールで配信する方法もあります。

１対１のハイタッチであれば、話の内容はコンサルティングやプロジェクトマネジメントに近くなります。つまり、顧客が製品を使いこなすためにどのような案内をどのような方法で、どのようなスケジュールで行うべきかについて取り組むことがオンボーディングです。

高山氏は、まずはリサーチも兼ねて、絞り込んだ顧客に対してテスト的にハイタッチを行い、顧客の反応を確認することにしました。

同時にロータッチとして、既存顧客の全員に対して月に２～３回のセミナーを行うためのコンテンツづくりを始め、コンテンツが出来次第、セミナー開催の案内を既存顧客に配信します。

オンボーディングにはできるだけ早めに取りかかります。

行動 9 導入のマニュアルを書き上げる

Document
―ドキュメント―

高山がパソコンのモニターに向かって腕を組んでいると、豊川が通りかかった。

「おい、難しい顔をしているじゃないか。オンボーディングの準備は進んでいるのか？」

「はい、今、オンボーディング用のガイドをつくっているんです」

これがなかなか難しくて、と高山は豊川に言った。

「ガイド？」

「初心者向けのマニュアルです。今提供しているマニュアルは機能のリファレンスには便利なのですが、まず何から始めればよいのか、というガイドとして構成されていないんですよ」

それで、顧客が導入早々につまずいてしまっている、と高山は豊川に説明した。

「それで難しい顔をしているのか」

顧客が製品を自力で使えるようになるためには、何から始めればよいのかという段階でつまずかないようにしたい。

「顧客はできれば面倒なマニュアルは読みたくないんですよ。部長だって、新しいスマホを買ったときに、あの分厚いマニュアルを読もうと思いませんよね」

「確かに読んだことはないな」と豊川は答えた。

「そこで20ページくらいで図を中心にした簡単ガイドをつくりたいんですよね。この通りにすればとりあえずサービスを使い始められる、というガイドです」

「確かに必要だ」

楽しみにしているぞ、と豊川は高山の肩をたたいて自分の席に向かった。

取るべき行動の解説

機能を説明するマニュアルではなく、操作を説明するマニュアルに

多くの顧客は、文字でびっしりと埋められた機能別に説明されたマニュアルを読みたいとは思いません。場合によっては、「こんなにたくさんの文字を読まなければ使えないのか」と購入早々に嫌気が差してしまう顧客も出てきます。

そこで、「この通りにすれば、とりあえず製品を使い始めることができる」という必要最低限、かつ、分かりやすい導入ガイドを作成します。文字が少なめで図やイラストが多く、レイアウトも余白が多く明るい印象が好まれます。

しかし、ガイドをつくり始めると、「せっかくだからあれもこれも説明しよう」とつい欲張ってしまいがちですので注意しましょう。カスタマーサクセスがつくる導入ガイドは、例えば開発部がつくるような機能を一通り説明するという目的ではなく、まずは使い出すことができることを目指します。したがって、取り上げる機能も絞り込む必要があります。

また、機能を説明するのではなく、手順を説明することに重点を置きます。例えば使いこなすレベルごとのステップで説明したり、難易度で分けたりする手法もよいでしょう。とにかく大切なことは、顧客が「順調に使いこなせるようにステップアップしている」という実感が持てることです。つまり成功体験を得られることです。

マニュアルの配布方法

また、作成したガイドブックもしくはマニュアルの配布方法も工夫が必要です。まずはアカウントを開設するまでのガイドは印刷物として用意し、契約直後に営業が手渡してもよいでしょう。そのガイドに従ってアカウントを開設できたら、ログイン後に表示されるページ内に「簡単操作ガイド」や「はじめてみましょう」などのタイトルでダウンロードできるリンクを張っておきます。

あるいは、顧客の操作状況に合わせて必要なステップごとのマニュアルが配布される仕組みを用意することも有効です。また、マニュアルはいつでも見たいときに参照できるように、ホームページや管理画面からいつでも開けるようにウェブ版があると便利です。

行動 10 製品の入門セミナーをつくる

Document
—ドキュメント—

すっかり恒例となった豊川部長との1on1ミーティングで、高山はオンボーディング用につくったマニュアルを提出していた。

「うん、よく書けていると思う。これならうちのサービスを初めて使う人でも、とりあえず予約サービスを稼働させるところまでは自力でできそうだな」

豊川の評価に高山は胸をなで下ろした。

「しかし、皆が皆、これをダウンロードしてくれるかどうか分からないし、このマニュアルですらも、日常業務が忙しくて読み始めるタイミングを逃してしまうという人もいるだろう」

確かに、他の業務と兼務の人もいるだろう、と高山は納得した。

「それで、入門セミナーの準備も進めてくれないか」

「分かりました」

高山もセミナーは必要だと考えていたので、先輩の藤島に詳しく聞いてみようと思った。

取るべき行動の解説

セミナーのゴールを設定する

入門セミナーも、他の一般的なセミナーと同様、時間配分や回数を考慮しながら構成案をしっかり立て、それから伝える内容を決めなければなりません。

一般的には１回のセミナーで１時間ほどの時間を前提にすればよいでしょう。一度に多くの情報を伝えようと欲張り長時間になると、顧客の集中力が続きませんし、情報過多で消化不良を起こしてしまいます。

やはりマニュアル同様、１回に伝える内容は絞り込むことが大切です。そこで１回ごとのセミナーのゴールを設定します。例えば自社ホテルのトップページを公開できるところまでをゴールにするとか、予約サービスの設定を済ませるところまでをゴールとするのかなどです。

あるいは後半であれば、中級・上級者向けとして、予約を増やすための手法をマスターすることをゴールにするなどでもよいでしょう。

それらのゴールを定めてからセミナーのコンテンツを用意します。具体的にはプレゼンテーションソフトを使ってスライドのつくり込みをする作業が発生します。

例えば予約サービスの設定ができるまでをゴールにするのであれば、具体的な設定画面の説明から操作方法、つまずきやすいポイントなどをスライドで説明できるように準備します。

運用できるまでをゴールに設定したのであれば、設定の復習のダイジェストから始めて運用のポイント、注意点の説明から運用例の紹介までをスライドで用意します。

さらに応用編として、サービスを効果的に利用しているお客様の事例を紹介すると、顧客にとって有意義になるでしょう。

これらのゴール別のセミナー用スライドを用意しておき、ロータッチとして定期的なセミナーを開催できるようにします。

セミナーへの参加を促す

このとき、セミナーを開催しても参加者が少ないのではロータッチとしての効果がありませんから、セミナーへの参加を促す導線を用意しておく必要があります。

営業から案内する方法もありますが、顧客数が増えてくると営業の負担が増えます。そこでサービスを利用する際に目に留まりやすいところにセミナーの案内や申し込みボタンを用意しておき、いつでも申し込めるようにしておきます。もちろん、メールマガジンでも繰り返し案内します。

ただ、新型コロナウイルス禍が落ち着くまでは、感染症対策として会場型のセミナーを開催することが難しい場合もあります。その場合はウェビナーとして開催するなど、柔軟に対応します。

さらに、顧客の集まり具合によっては、リアルタイムではなく、アカウントを持っていればいつでもウェブ上で学習できる動画コンテンツとして用意することも検討します。この場合でも、動画を視聴した記録がログに残るようにしておけば、顧客の学習状況を確認することができます。

ただ、動画コンテンツの場合はリアルタイムで行う会場型のセミナーやウェビナーとは異なり、リアルタイムでの質疑応答ができません。したがって、動画コンテンツの場合は質問を投稿できる仕組みを用意する必要があります。

いつでも視聴できる動画コンテンツは、いつでも視聴できるが故にいつまでも視聴しないことが考えられます。ログの記録から視聴していない顧客が判別できますので、そうした顧客に視聴を促すメッセージを表示したり、カスタマーサクセス担当者より個別に案内を送ったりする必要があります。

感染症に対する警戒感が残っている間は開催することが難しいかもしれませんが、会場に集まる対面型にはオンラインや動画コンテンツにはないメリットがあります。

一つは、顧客との質疑応答がはかどり、質疑応答が行われている場の雰囲気が参加者全員のモチベーションを上げやすいことです。

やはり同業者が熱心に学ぼうとしている姿は刺激になります。これは、大学受験生が予備校に行けば他の学生が頑張っている姿に刺激を受けたり、ジムに通うことで他の人のトレーニング姿を見て自分も頑張ろうと思ったりする効果と同じです。

そしてもう一つは、開催している側へのフィードバックがリアルタイムで行われるため、セミナーの改善点や顧客のカスタマーサクセスに対するニーズなどを把握しやすいということがあります。

これらの効果からも、カスタマーサクセスではセミナーを開催することに意義があります。

2-2 活動を改善する

行動 11 顧客のつまずきポイントを分析する

Document
—ドキュメント—

高山はオンボーディング用のマニュアルを配布し、ロータッチとしてのセミナーも何度か実施してみた。

——なんとかカスタマーサクセスらしい活動を始めることができた。

そう思って一息ついていると、豊川部長から「おいおい、一息ついている暇はないぞ」と次の課題を出された。

「マニュアルの配布やセミナーを開催した後の、顧客の状況を確認しておくように」

豊川は高山に、「最初の施策がパーフェクトのはずはない。必ず顧客がつまずいているポイントがあるはずだ」と言った。

そこで高山は、ホテルの予約サービスへの顧客のログイン状況と利用状況のログを取得し、スプレッドシートに展開して確認した。

——うん？

ほとんどの顧客はマニュアル配布後の数日間やセミナー開催後の数日間でログインをしており、実際に自社ホテルのトップページを作成するところまでは進んでいた。しかし、「予約メニューの設定」ができていない顧客が多いことに気が付いた。

――どういうことだ？

スプレッドシートの上の列から順に見ていったが、状況が把握できない。

その話を藤島にすると、「いきなり全体を見ようとするから混乱するんだよ」とあきれられてしまった。

取るべき行動の解説

N1分析

大量のログがある場合、全体の傾向から見えてくるものもありますが、高山氏は混乱していました。

このようなときは「N1分析」を行うべきです。N1分析とは、ランダムで選んだ、あるいはめどを付けて選んだ1人の顧客を分析する手法です。この場合は、「予約メニューの設定」が進んでいない顧客の中からランダムに選べばよいでしょう。

そして選んだ顧客に直接ヒアリングし、「予約メニューの設定」のどの制作工程でつまずいているのかを特定します。その際、ヒアリングシートを用意し、制作工程ごとに５つ前後の質問を洗い出しておくとよいでしょう。例えば、写真の準備でつまずいたのか、文章の作成でつまずいたのか、あるいは操作メニューの選び方が分からなかったなど、具体的に聞き取っていきます。

ヒアリングは対面でもオンラインでも構いません。電話では長くなると疲れますし、表情が読み取れない点もありますので、できれば対面かオンラインビデオ会議がよいでしょう。ただ、幾つもの質問をさせていただき、忌憚のない意見を聞かせてほしいので、ある程度親密な関係を築けている方がよいでしょう。また、サービスの提供側の問題ではなく、顧客側に事情がある場合もあるので、ヒアリングでは相手の立場に立つことを心掛けます。

注意しなければならないのは、N1分析ではあくまでヒアリングに徹することです。何か提案したり言い訳したりするのはふさわしくありません。あくまでVOC（Voice Of Customer）を分析します。

行動 12 オンボーディングのスピードを早める

Document
—ドキュメント—

高山はヒアリングの結果を見て悩んでいた。

——けっこうつまずきのポイントが多いな。

つまずきのポイントは一つではなかったのだ。

「ホテルの説明の設定を入力したけれど、その後でメニューの設定でも同じことを入力しなければならなかったのでいら立った」

「ホテルの紹介設定をしていたら『ホテルの印象を良くする写真をアップロードします』というダイアログボックスが突然出てきて面食らった」

などの他に、

「予約促進のためのSNS運用担当と兼任になったので、忙しくて予約サービスの設定をしている時間がなかった」

といった全く予想外の話も出てきた。

これらのことから高山は、オンボーディングの段階をより早く終わらせる支援をすることや、一部の運用を代行するなどの必要を感じ始めていた。

取るべき行動の解説

顧客体験の可視化

このようにオンボーディングでのつまずきポイントが複数出てきた場合は、オンボーディングに至るステップ図を描いて整理するとよいでしょう。これは、後述するカスタマージャーニーの簡易版といえます。

カスタマージャーニーとは、各工程において顧客がどのような感情を持ってどのような行動を取るのかを可視化することです。その簡易版を作成します。

つまり、工程を一つひとつ洗い出してみることになります。例えばホテル予約サービスでホテル紹介のページを設定するにはイメージ写真の撮影を行い、その写真をトリミングし、アップロードする。次に紹介文を入力し、サービス内容を登録する、などと具体的に顧客がたどる工程を描いていきます。

工程を描けたら、各工程の体験を楽にするにはどうすればよいのか検討します。このときに活用できるフレームワークに「ECRS」があります（**図表2-1**）。ECRSとは、「Eliminate」（排除）、「Combine」（結合と分離）、「Rearrange」（入れ替えと代替）、「Simplify」（単純化）を検証する業務改善のためのフレームワークです。

E（Eliminate）：排除	無駄な工程を無くす
C（Combine）：結合	重複する工程をまとめる
R（Rearrange）：再配置	順番を変更し、アウトソースする
S（Simplify）：単純化	シンプル化・簡略化する

図表2-1　ECRSフレームワーク

各工程について、そもそもその工程を無くせないのか、いくつかの工程をまとめられないのか、前後の工程を入れ替えられないのか、そして単純化できないのかを検証します。

何度も同じ内容を入力する工程があれば、一度入力された内容が自動的に他の設定にも流用されるようにし、入力作業の重複を無くせないか検討すべきでしょう。あるいはイメージ写真のアップロードが突然要求されて面食らうといった状況については、その工程の位置を変えることで解決できそうです。

このようにオンボーディングに当たっての障壁になりそうな工程を洗い出して見直す作業を丁寧に繰り返すことで、オンボーディングがスムーズに進むように改善されていきます。

顧客の立場で工程を見直すことは重要であることを再認識します。システムの構築時には気付かなかった二度手間に感じる部分や準備段階がなく唐突に感じる部分、操作が複雑だと感じる部分などが見えてきます。

この見直しをした結果をマニュアルやセミナーのコンテンツにフィードバックさせることも忘れてはいけません。

行動 13 製品活用カレンダーを配布する

Document
―ドキュメント―

豊川部長との1on1ミーティング。

高山は顧客のログ分析やヒアリングから分かったことを豊川に報告していた。

そのたびに豊川は「うん、うん」とうなずきながら腕を組んで聞いていた。

「なので、特につまずいていない顧客に関しては、こちらからマニュアルの案内を出したり、セミナーを実施したりしてから、おおよそどのくらいの期間で次のステップに進んでいるのかが見えてきました」

「スケジュール感ができてきたということだね？」

はい、と高山が答えると、豊川は「うーん」と再び腕を組んだ。

「そのスケジュール感は、顧客にも伝えたほうが利用を促すことになるんじゃないのか？」

なるほど、と高山は思った。

「分かりました。伝えるようにします」

取るべき行動の解説

ゴールとスケジュールを顧客と共有する

オンボーディングの内容が固まってきて、プロセス分析もできたら、プロセスの時間軸を設定してみる段階です。時間軸はあまり細かく設定する必要はありませんが、顧客にとって大まかなマイルストーンとなるスケジュールを提供する必要があります。

サービスを使い始めるために行う初期設定を契約後の何日間で行い、その後の設定を何週ごとに進めていくといったスケジュールを作成します。実際に運用するまでに、何をどの程度のスピード感で進めるべきなのかを伝えるのです。

このとき、カレンダーにはゴールを設定します。ゴールとは、この段階までサービスを運用できるようになれば、自社ホテルの魅力が伝わり予約も入るようになりますというものです。また、次の段階では顧客の口コミにより、他の予約サイトからも予約が入るようになるなども伝えます。

このゴールに到達するために、何をいつまでに行うべきかをカレンダーに記載します（**図表2-2**）。

カレンダーは標準的なスケジュールが書かれたものを提供します

契約	設定	利用	継続
	1カ月	1カ月〜3カ月	3カ月以降
	1週： アカウント設定	1カ月目： 初回申し込み	4カ月目： 申し込み件数維持
	2週： ページ設定	2カ月目： 10件以上申し込み	5カ月目： 複数担当登録
	3〜4週： 予約画面設定	3カ月目： 月2回ログイン	6カ月目： 契約更新

図表2-2　カレンダー（サービス利用開始後のスケジュールイメージ）

が、ハイタッチを行っている顧客に対しては、顧客ごとに作成するとなお丁寧な対応になります。

このカレンダーを提供することで、顧客もサービスの利用を後回しにせずに、「いつまでにどの程度の運用を目指そう」という目標を持てるようになります。そのことで、早く成功体験を得られるようになります。

カスタマーサクセスにおいては、ゴールとそこに到達するためのスケジュールを顧客と共有することで、プロジェクトの成功率は格段に高まります。

ただし、高山氏一人では、ハイタッチとしてカレンダーを配布して手厚くフォローするとなると、3社程度しか対応できないでしょう。これまでの施策がカスタマーサクセスの業務として順調に根付いていれば、いよいよ人員を増やすことを検討する段階に入ります。

行動 14　製品活用チェックリストをつくる

Document
—ドキュメント—

高山は、次回の1on1ミーティングを待たずに、作成したカレンダーを豊川部長に見せた。

「うん、大まかにはいいんじゃないのか。ただ、このスケジュールだと、再び顧客はつまずきそうだな」

豊川はカレンダーを見ながら、「何かあと少しの工夫が欲しいんだよな」とつぶやいている。

「何かおかしな点がありますか？」

「いや、おかしくはないんだが、足りない感じがする」

このスケジュールを見て、「顧客は本当にスムーズにゴールにたどり着けるだろうか」と豊川はつぶやいている。

「すいません、もう少し練らせていただけませんか？」

豊川は高山にカレンダーを戻した。

取るべき行動の解説

チェックリストの作成

高山氏が作成したカレンダーは、ゴールを目指したスケジュールとしてはほぼ完成していました。ただ、プロセスごとの細かなタスクが記されていないため、顧客は迷ったりタスクに漏れを生じさせたりするかもしれません。しかし、カレンダー上に細かなことまで書き込んでしまうと、読む気力をなくさせるような文字だらけの印象になってしまいます。

そうした場合、カレンダーに記したプロセスごとのチェックリストを別途用意して提供します。顧客側に複数の担当者がいる場合は、このチェックリストをデータ上で共有することで、誰がどこまで進めたのかが分かり、手分けできるようになります。例えば、写真はAさんが撮影を手配したことが分かったので、Bさんは紹介文を作成しておくなどです。

チェックリストは、顧客側で行うことと、カスタマーサクセス側で行うことの作業分担が明らかになるように作成します。そのことで、カスタマーサクセスがやってくれるのだろうと思い込んで待っているといった状況を無くすことができますし、カスタマーサクセス側もチェックリストを示すことで、「ここはお客様にて対応ください」と言いやすくなります。

チェックリストはハイタッチであれば、顧客とカスタマーサクセスが一緒にチェック欄を埋めていくことができますが、そこまでの対応ができない場合は顧客側でセルフチェックを行いやすいようにつくり込みます。また、ハイタッチで顧客一人ひとりと定期ミーティングを開くような場合は、チェックリストも顧客ごとにカスタマイズされたものを使用します。

しかし、最初はどの顧客にも有効な、共通で使えるチェックリストを作成します。

ホテル予約サービスのチェックリストであれば、導入、設定、運用、活用のプロセスごとに作成します（**図表2-3**は設定の例）。例えば、「マニュアルをダウンロードした」「入門セミナーを予約した」といったチェックリスク項目を用意します。

設定チェックリスト

1週：アカウント設定

- ☑ 契約確認後、XX様へアカウントを発行【担当：弊社A】
- ☑ アカウントのパスワード設定【担当：御社B様】
- ☐ 会社ロゴの登録【担当：御社B様】

2週：ページ設定

- ☐ サンプル写真の用意【担当：弊社A】
- ☐ ホテル写真と紹介文の設定【担当：御社B様】
- ☐ ページ設定案内動画の視聴【担当：御社B様】

3～4週：予約画面設定

- ☐ サンプルメニューの登録【担当：弊社A】
- ☐ 予約メニューの登録【担当：御社B様】
- ☐ 入門セミナーへのご参加【担当：御社B様】

図表2-3　設定チェックリストの例

行動 15 製品活用度をデータで計測する

Document
—ドキュメント—

高山の日常業務は、カスタマーサクセスが中心になってきていた。

ホテル予約サービスの管理者用のダッシュボードから、顧客の状況を把握するためにログデータを書き出す。

利用顧客の上位50社ほどを見るだけにしても、各社に複数のアカウントが存在しているため、ログデータは複雑になってきている。

これまではログイン状況やオンボーディングの進捗状況を確認してきたが､そろそろ深く解析しないといけないと思っている。

——しかし、これだけログがあると、一つひとつ見ていくのはかなりしんどいな、っていうか無理だな。何かいい方法はないだろうか。

高山は藤島に相談があるとメールした。

取るべき行動の解説

アカウント登録状況を見る

「ホテルの予約サービス」にとって最も重要なログは、「ホテルの予約件数」です。カスタマーサクセス担当者は、全顧客のこの数字を把握しておく必要があります。

もう一つ重要なのは、アカウントに関するログです。ホテルの予約サービスであれば、ホテルのマーケティング担当者だけでなく、受付スタッフ、広告宣伝担当者、経理担当者などが登録していることが考えられます。そこでまず、各社でどのような人がアカウントを登録しているのか、その状況を可視化します。

その際、各ホテルの従業員数の情報も可視化しておくとよいでしょう。従業員100人のホテルで５人のアカウント登録があるのと、従業員30人のホテルで５人のアカウント登録では、関与の度合いが異なってきます。

アカウントに関して重要なログは、「最後にログインしたのはいつか」です。例えば、たくさんの人がアカウント登録しているにもかかわらず、どのアカウントも最終ログイン日が３カ月以上前であれば、アカウント登録した人たちの中でリーダーや各役割が決まっておらず、誰かがやるだろうといった状態で放置されている可能性があります。これを放置すると、解約される可能性があります。

EWSを導入する

「ホテルの予約件数」や「アカウントごとの最終ログイン日からの

期間」をすべて丹念に数字で追いかけるのは困難です。そこで、細かく数字を追わなくても、どのような状況にあるのかを分かりやすくシグナル表示する仕組みを構築します。

例えば、最終ログイン日から1カ月以上たつと黄色信号を表示したり、この1カ月間の予約件数がゼロであれば赤色信号を表示したりする仕組みが考えられます。このような仕組みがあれば、カスタマーサクセスは注意すべき顧客のみの詳細を確認すればよくなりますので、効率良くチェックを行えるようになります。

このような仕組みを「EWS」(Early Warning System)と呼びます。早期警報システムという意味ですね。カスタマーサクセスに限らず、様々な分野で使われている仕組みです。

カスタマーサクセスにおけるEWSとは、解約のリスクが高まった顧客がいることを知らせるシグナルになります。製品をうまく使えていない、使用頻度が極端に低いなどの状況を解約の兆候として察知し、シグナルを出します。

いったん解約されてからでは手遅れとなりますので、解約のリスクが高い顧客を見つけ、その兆候から解約の原因となりそうな面で迅速にサポートし、解約を防ぎます。そのためにも、データから顧客の状況を把握することが重要です。

このEWSの考え方は、BtoBだけでなく、BtoCでも導入できます。例えばECサイトにおいて、最終購入日から何カ月たっているなどを指標にしてシグナルを出すことで、そろそろリピート購入の案内を出す頃だと判断できます。

EWSを利用して顧客へのアクションを自動化することもできます。例えば、最後のログインから一定期間が過ぎると、自動的に「長期間ご利用がありませんが、何かお困りですか？」などのメッセージを送信するなどです。

あるいはトライアル期間の終了が近付いているユーザーに対して、「トライアル期間がまもなく終了しますが、有料契約で延長しますか？」などのメッセージをポップアップするなどの応用もあります。

顧客の当たり前化を進める

データ解析というと、ログイン頻度や機能ごとの利用状況などを想像すると思います。もちろんそれらは有効ですが、いきなりいろいろなことを同時に解析しようと多くのログを追跡してしまうと、煩雑になって得るものがあまりないということになりかねません。

重要な項目から一つずつ解析し、対応策を施していくべきだと思います。そして最も重要なデータとは、先に示した「アカウントごとの最終ログイン日からの期間」といった、解約の兆候が現れるデータです。「最初はアカウントごとのログイン状況を確認していたけれど、最近は問題が見られなくなった」ということであれば、それは顧客にとって「利用するのが当たり前になった」ということです。

このように、顧客の当たり前の度合いを高めていく取り組みは大切です。

行動 16 アクティブ率を増加させる

Document
—ドキュメント—

オンボーディングにおけるカスタマーサクセスの施策がうまく回り始めている、と高山は感触を得るようになってきた。

そのようなことを考えていると、豊川が自分の名を呼んだような気がした。豊川のデスクの方に目をやると、やはり手招きをしている。

高山はとっさに「はい！」と返事して豊川のデスクに向かった。

「オンボーディングはうまくいっているようだね」

豊川は高山から提出された資料を見ながら満足げに言った。

「しかし、ここが次の課題だな」

豊川が指差した箇所は、顧客のログイン状況を示す行だった。

「半年以降になると、ログインの頻度ががた落ちしている。顧客によっては全くログインしなくなっている。これはまずい兆候なんじゃないのか？」

高山は「あっ」と声を漏らした。

「そろそろこのあたりの仕掛けも考えないとな」

「頼むよ」と豊川は言うと、自分の席に戻ってよいとジェスチャーで示した。

高山は席に戻ると、豊川に指摘された顧客のログイン頻度が激減しているデータを確認し直した。

――確かに、サービスを利用しなくなっている。これは放っておくと解約されるリスクがあるな。

久しぶりに藤島に連絡をすることにした。

取るべき行動の解説

イベントやメール配信で製品利用を促す

オンボーディングで数々のハードルを乗り越えて順調に製品を利用するようになった顧客も、しばらくすると徐々に製品を利用しなくなることがあります。導入当初は頑張っていたのですが、半年や１年たつ頃には気持ちも冷めて、すっかり製品を利用しなくなってしまうようなケースです。

そのような顧客は、次の更新の時期になると「最近はあまり利用していないし……」という心情になり、更新すべきかどうか迷うようになります。

そこで、立ち上げ時以降も使い続けたくなるような仕掛けを施す必要があります。つまり、製品の利用を継続してもらうために、イベントやトリガーが必要になるのです。製品に引き戻すきっかけづくりです。

例えばハイタッチを行っている顧客に対しては、月に一度のミーティングを行うことも有効です。例えばホテル予約サービスであれば、３カ月に一度ホテルを利用したイベントを実施して著名な旅行家やリゾート開発企業の社長などを招いて講演会やセミナーを開催するとか、月に１回は顧客ホテルの持ち回りで「ビジネスで使えるホテルの魅力」や「トラベルライターが選ぶリゾートホテルのサービスランキング」などのイベントを行って、その告知をホテル予約サービスで行うとかです。

そうすれば、「次はうちのホテルでもこのようなイベントをやるべきではないのか？」とサービスの利用頻度を取り戻すきっかけをつくれます。もっと簡単な方法としては、利用開始から一定期間が過ぎている顧客を対象に、「予約申し込みを増やすサービスの使い方」に関するメールを配信してもよいでしょう。また、登録顧客限定の会報誌のような形で、２カ月ごとに顧客の中から成功事例を取材した記事を配信することも、製品利用に引き戻すきっかけになります。

このように、定期的に顧客を製品に引き戻す仕掛けを施すことで、解約リスクを抑え込むことができます。

また、特定の機能を使っていない顧客をターゲットに、「○○の機能が使われておりませんが、何かご不明点はございますか？」というメールを送信することも有効です。このようなメールは、最初は手動で送信することから始めてもよいのですが、ゆくゆくはマーケティングツールを利用して、特定のデータの数値が特定の範囲に入ったら自動的にメールを送信するといった使い方も検討することになります。

STEP 3

カスタマーサクセスチームで活動する

3-1 チームをつくる

行動17 チームメンバーに必要な要件を考える

Document
—ドキュメント—

窓の外は既に夜だ。林立するオフィスビルの窓の明かりが、まだここにも働いている者たちがいるぞ、とそれぞれに主張し合っているようにも思えた。

高山はこのところ残業が続いている。遅い会議から戻ってきた豊川部長が、高山のところに来て声を掛けた。

「最近、めっきり忙しそうだな」

「はい、カスタマーサクセスの業務が増えてきたものですから」

そうか、と言いながら豊川は自分の席に戻った。既に他の社員たちもほとんど退社している。

「高山、そろそろチーム化を検討するときだなぁ」

豊川が自分の席から大きな声を掛けた。

「はい」

豊川は首だけでうん、とうなずくといそいそと帰り支度を始めた。

しばらくすると帰りかけた豊川が、高山の席に立ち寄り、「先に帰るよ」と声を掛けた。

「お疲れさまでした」

「さっきの話だが——」

豊川はカスタマーサクセスチームをつくるという。

「もちろん、君がリーダーだ」

「は？」

「業務内容は君が最も分かっているのだから、必要な人数と引き入れたいメンバーのリストをつくっておいてくれ」

いや、今日はもう遅いから今週中に提出してくれればいい、と言って片手を上げながら豊川は部屋を出て行った。

——はて、何人必要だろう。

取るべき行動の解説

必要なスキルの棚卸しを行う

カスタマーサクセスのチームをつくるときには、まず、この業務にはどのようなスキルが必要なのかを棚卸しすることから始めます。

カスタマーサクセスに必要なスキルは多く、いわば総合格闘技のような業務といえます。つまり、社内でも何でも屋的な存在に見える部門なのです。ですからなおさら必要なスキルを冷静に洗い出しておかないと、どのような人材を集めればよいのか分からなくなってしまいます。

例えば、スケジュールやチェックリストを作成する面では、顧客をマネジメントするプロジェクトマネジメントのスキルが求められます。顧客のつまずきポイントを分析しながら業務改善を図るのはコンサルティングのスキルが求められます。さらに顧客と直接対面して説明をするスキルは、法人営業に近いといえます。導入マニュアルや導入ガイド、セミナー設計などではマーケティングのスキルが生かせます。

これらのスキルが一通りそろっているチームがカスタマーサクセスチームです。ところが最初から欲しいだけの人員を確保することは難しいですから、チームの立ち上げ時には、ある程度優先すべきスキルを絞ります。

日本のBtoBでは、オンボーディングを重視した人材をスタートメンバーにする傾向があります。すなわち、法人営業的な人材やプロダクトマネジャー的な人材です。まずはこのような人材が初動では必要とされます。

ただし、製品単価が安く最初から数万人の顧客を対象とする場合には、マーケティング職やプロダクトマネジャー職に適した人材から集めるほうがよいでしょう。

顧客の数から人員を割り出す

高山氏の場合は何人必要でしょうか。

例えば、ホテル予約サービスの利用施設が2600あるとすると、1人のカスタマーサクセス担当者がフォローできる社数は50～100社だと考えられます。もし100社までフォローできるとすれば、26人のカスタマーサクセス担当者が必要になります。

しかし、新しいチームにいきなり26人の人員を割くことは現実的には難しいでしょう。もっと少人数で実績を出しつつ増員していくことになりそうです。

そこで、2600社に優先順位を付けて、上位20％を人が直接フォローすることにします。つまり520社を直接フォローできるためには最低5人は必要になります。この5人の中でも、ビジネス系ホテルは3人、リゾート系ホテルは2人などの手分けをします。

すると、ビジネス系ホテル担当の人材は法人営業部から異動してきてもらう。残りの2人のうち1人はカスタマーサポート部から、そしてもう1人はイベントなどで1対多の対応にたけた人材で、できればマーケティング部から引き抜きたいところですが、マーケターは社内でも貴重な人材であることが多いでしょう。そこで、マーケター希望で入社したけれども、現在は営業部などに配属されている人材に来てもらいます。

そしてリーダーを入れた6人体制で始めるのが高山氏にとっては現実的な案になります。もし、あと1人だけ増員できるのであれば、顧客のデータの可視化などを得意とする人材を、高山氏が所属していたウェブディレクション担当から引き抜きたいところです。

行動 18 メンバーがジョインする

Document
ードキュメントー

高山は藤島のアドバイスに従って希望人員について５人のリストを豊川に提出した。想定していた通り「いきなり５人は難しい」との回答だったが、２人には異動の辞令が出された。

一人は法人営業部の堀口哲也25歳。そしてもう一人は岩崎陽子24歳。彼女はカスタマーサポート部に所属していたが、入社時の希望職種はマーケターで、まさに藤島のアドバイスにぴったりの人材だった。

２人には辞令が出たが、高山は事前に本人たちにカスタマーサクセスチームの仕事内容などを説明し、承諾を得ていた。また、事前にカスタマーサクセスの基本的な知識を得ておいてもらうために、藤島が社長を務めるopenpage社が定期的に行っている「カスタマーサクセス・セミナー（基礎編）」を受講させていた。

高山は堀口と岩崎をチームの席がある企画室のメンバーたちに紹介した。

「堀口君と岩崎君。２人は今日から私と共にカスタマーサクセス業務に就いてもらいます。皆さん、よろしくお願いします」

堀口と岩崎も「よろしくお願いします！」と声をそろえて挨拶した。すると、企画室のメンバーたちも「よろしく」と笑顔で迎え、軽く拍手が起こった。

高山は堀口と岩崎を席に着かせると、事前に藤島からアドバイスを受けていた内容を思い出しながら、仕事の説明をした。

取るべき行動の解説

OJTで仕事を覚える

高山氏からは、とりあえず２人の人材を確保したと報告を受けました。となれば、法人営業部出身の堀口君にはハイタッチを中心に担ってもらい、マーケター志望だった岩崎君にはマーケティング的なロータッチやテックタッチを担当してもらうのがよいだろうと判断しました。

とはいえ、新メンバーの２人には、すぐにはカスタマーサクセスの業務内容を理解することが難しいですので、とにかく実際に手を動かしながら、理解を深めていくことになります。もちろん、高山氏が丁寧にレクチャーしていきながら、自分の仕事を少しずつ渡していくことになります。

例えば堀口君は、これまで法人営業部で新規開拓を中心に「売る」活動をしてきましたから、法人顧客と接することには抵抗がありませんが、「既に製品を購入している顧客をサポートする」という意識の転換が要求されます。

当然、解約を防ぎ更新を促すことも重要な仕事ですが、既存顧客に対して、オプションを売ったりプランのグレードアップを促したりするなどクロスセルとアップセルを目指してもらうことになります。

また、岩崎君にはマニュアルのメンテナンスやイベントの企画と運営を実施してもらうことになります。とはいえ、まずは既存顧客のオンボーディングへの対応から学んでもらうことになります。したがって、業務内の８割ほどは製品の運用で、２割ほどは営業的な要素を担うことになります。

さらに、EWSのシグナルが緑色（解約リスクが低い状態）の顧客に対してはオプションを提案したり、アップグレードを提案したりしていきます。EWSのシグナルが赤色（解約リスクが高い状態）の顧客に対しては徹底してコミュニケーションを取り、緑色に変えていきます。

岩崎君には、これまで高山氏が実施していたセミナーを引き継いでもらうだけでなく、セミナーの種類を増やしたり参加者を増やしたりする企画も担ってもらいます。

もちろん、高山氏もまだ完全にリーダー職だけに専念できる状況ではありませんので、プレイングマネジャーとして第一線での活躍が期待されます。

行動19 チームメンバーの戸惑いをフォローする

Document
―ドキュメント―

岩崎は高山から渡された前回セミナーでのアンケート結果をチェックしていた。次回のセミナーに向けて、スライドの内容をアップデートするために、前回セミナーで参加者から寄せられた要望を反映させるべく確認しているのだ。

その隣の席で、堀口は製品マニュアルを読んでいる。

「思ったより覚えることが多いなぁ」

堀口が独り言をつぶやくと、「これまでお客さんに製品の説明をしてきたんですよね？」と岩崎はあきれてみせた。

「いや、売るときはさ、アレができます、コレもできます、ってできることを伝えればよかったんだけど、ここでは“どうしたら”できるのか、“どうしたら”もっと便利になるのかってことを説明できないといけないだろ？」

これまではそんなこと考えていなかったもんなぁ、と堀口は両手を挙げて座ったまま伸びをした。

「岩崎さんのほうはサクサク仕事している感じだよね」

「私はクレームなどをたくさん聞いてきたから、それらを未然に防ぐセミナーやマニュアルには興味があるんです。このアンケートの回答とか見ていると、“なるほど！”って発見が多くて面白いですよ」

でも、けっこう便利な機能が使われていないんですよね、と岩崎はアンケート結果の読み込みに戻った。

「機能が有効に活用されていないのはなぜなんだろう？」

そう堀口がつぶやくと、後ろから肩をたたかれた。振り向くと高山が笑っていた。

「分からなければお客様に尋ねればいい。アンケートの質問項目を増やしてもいいし、直接連絡して尋ねても構わない」

コミュニケーションが大切だ、と言って高山は自分の席に向かった。

堀口と岩崎は「はい」と答えた。

取るべき行動の解説

顧客のほうが豊富な製品知識を持っている場合がある

カスタマーサクセスを担当するには、様々な情報のインプットが重要になります。まず、顧客について詳しくなければなりません。

極論を言えば、営業は顧客のことを知らなくても一方的に製品について語ることができれば、もしかすると受注できるかもしれません。

ところがカスタマーサクセスは顧客が製品を利用するモチベーションは何か、どの程度のペースで製品について学習していけるのか、どのような機能や設定でつまずいているのかなどについて理解しながらコミュニケーションを取っていかなければなりません。一方的に機能の特徴やメリットを伝えるだけでは成果を出すことができません。

そのため、場合によっては、カスタマーサクセスは営業以上に顧客との会話量が増えます。しかも営業は製品を購入してもらうまでが勝負ですから一段落する時点が明確ですが、カスタマーサクセスは購入後、顧客が満足し続けることが勝負ですから、解約されるまでは終わりがありません。これは雲泥の差です。

例えば、ホテル予約サービスでホテルの紹介ページや施設の紹介ページに掲載する写真が必要になったとき、カメラマンはどうやって探せばよいのか、どのくらいの予算とスケジュールで撮影ができるのか、ホテル側には撮影するときにどのような協力を求めればよいのか、などといった具体的で生々しい話をすることにもなりますので、付け焼き刃的な知識だけでは対応できなくなります。

また、顧客のほうが新任のカスタマーサクセス担当者よりも製品について詳しい事態もあり得ます。既に4年ほどの利用期間を経ている顧客の製品知識は、着任したばかりのカスタマーサクセス担当者の知識をはるかにしのぎます。しかも実際に運営して習得した知識ですから、重みがあります。

そのため、カスタマーサクセスには、顧客から学び取る姿勢も大切です。常に顧客から学びながら、製品活用の支援の在り方を深く考える姿勢が必要であることを、高山氏は自らの体験も踏まえて堀口君や岩崎君にアドバイスしていかなければなりません。

新任カスタマーサクセス担当者の戸惑い

新任のカスタマーサクセス担当者は、時には自分たちが思った以上に製品が使われていない現実に直面することがあります。そのようなときは、顧客に尋ねることになりますが、なぜ製品を有効に活用できていないのかについて、顧客の利用目的や導入理由、普段の業務内容、その業務の目標、といったことまで深掘りする必要があります。

あるケースでは、ホテル予約サービスをあまり利用していない顧客が３人いて、データ解析だけでは原因が分からないので直接尋ねたことがあります。すると１人めの顧客はSNSの運営担当者も兼任することになり、現在はTwitterとInstagramにそれぞれ毎日３回投稿しなければならなくなっていて、ホテル予約サービスを利用する余裕がなくなっていました。

２人めの顧客は実は転職活動を始めており、仕事への熱心さを失っていました。そして３人めの顧客は、製品の導入を決めた上司から丸投げされて、どのような効果が出るのかも分からず何から手を付ければよいのか分からない状態になっていました。

同じように製品の利用頻度が下がっていたとしても、その理由は顧客ごとに異なっていることがあります。表面上のデータからでは読み取れない原因があり、新任のカスタマーサクセス担当者は、製品の利用頻度が下がっている原因が分からずに戸惑ってしまうでしょう。

このようなときに、先輩やリーダーは、原因は顧客ごとに異なっている可能性があることや、それを知るためには顧客とコミュニケーションを取る必要があることをアドバイスしていきます。

また、カスタマーサクセスの担当者によって、対応の姿勢が異なることにも注意しなければなりません。例えばログインの頻度が極端に減っている顧客を見つけたとき、営業出身の堀口君はまず電話してみるべきなのかな、と考えますし、マーケター志望だった岩崎君はメールすればいい、と考えます。

営業出身の場合、とりあえず電話をかけるも、とにかく使わせようという営業的な発想で対応が多少強引になる傾向があります。一方、マーケター出身の場合、メールの返信が来るまでは待っていればいいという消極的な対応になってしまう傾向があります。本当に困っていれば問い合わせがあるだろう、というカスタマーサポート的な受け身の姿勢になってしまうのです。

こうした違いから、カスタマーサクセスのメンバーはお互いの姿勢に少しいら立つこともあるでしょう。他にも、論理的に行動するタイプと、気持ちで動くタイプでは、顧客へのアプローチの仕方に差が生じます。

このように、業務内容においても業務への姿勢においても、新任のカスタマーサクセス担当者には様々な戸惑いが生じます。チームリーダーはそれぞれの持ち味や得意な方法を生かしつつも、チーム全体のスキルを底上げしなければなりません。次節では、チームの教育や強化について説明します。

3-2 チームのレベルを上げる

行動20 チームメンバーを教育する

Document
—ドキュメント—

高山が堀口と岩崎を見ていると、得意な部分を生かしたり、性格を生かしたりしている様子が見て取れた。また、お客様から学ぶ姿勢も大事だ、とのアドバイスも実行しているようだ。

しかし、顧客に対して電話で言っていることにばらつきがある。

——カスタマーサクセスとしてのスキルの統一感がないし、メンバーの個性が出過ぎている。

やはりカスタマーサクセス担当者用のマニュアルも必要だな、と高山は思った。

パソコンでワープロソフトを立ち上げて、「カスタマーサクセス業務マニュアル」と入力してみたが、すぐに手が止まった。

——何から書けばよいだろうか。

取るべき行動の解説

業務マニュアルを作成する

カスタマーサクセス担当者用の業務マニュアルを作成する場合には、顧客軸と製品軸に分けて考えると書きやすくなります。

顧客軸では、考えられるシチュエーションをパターンとして書き出し、それぞれの対応方法を用意しておきます。質問に対する答え方、クレームに対する答え方、迷っている顧客への提案例などです。つまり、顧客に対する対応集を作成するのです。

もちろん、すべてを完璧に網羅することはできませんが、目的は「解約を防いで利用継続を促すことである」と明確に示していれば、書き出した対応策の応用が効くと思います。

一方の製品軸では、「好評なので積極的に活用してほしい機能の利用を促すためのトーク内容」や、「使い方が分かりにくい機能の使い方をフォローするトーク内容」などを用意します。

顧客軸も製品軸も、顧客が製品を利用することで成功体験を得られることを目指すという観点で、業務内容を整理することになります。

次に、同じ製品を使っても価値を発揮しやすい顧客の属性や、逆に価値を発揮しにくい属性の特徴を解説します。例えば業界別や業種別、担当者の立場別などになるでしょう。また、競合他社のサービスに対する優位性を説明し、その優位性で顧客にどのようなメリットがあるのかに関する説明ができるような解説をします。

もう一つの業務マニュアルのつくり方として、既に顧客向けに作成した導入マニュアルやセミナーのスライドをベースにして、そこにカスタマーサクセスの担当者向けの解説を追加する方法もあります。このとき、作成した業務マニュアルから優先順位の高い内容に絞り込んだコンパクトバージョンも作成し、これを暗記させて、話せるようになっているかどうかを試すテストを行ってもいいでしょう。

さらに、ログなどの顧客データの解析方法を解説したマニュアルも必要になります。このマニュアルでは、オンボーディングで取り組むべき内容や顧客がつまずきやすいポイントでのフォロー方法、顧客が導入から自力で運用できるようになるまでのスケジュール、EWSでアラートが出た場合の対処方法なども解説します。

行動 21 チームミーティングをつくる

Document
ードキュメントー

高山はこのところ業務マニュアルづくりや堀口・岩崎の指導に没頭していたため、豊川との1on1ミーティングはとても久しぶりに感じた。

「どうだ、あの２人は？　熱心に業務に取り組んでいるように見えるが」

豊川が尋ねた。

「おかげさまで興味を持って業務に取り組んでくれています。覚えもいいですし、いい人材をありがとうございます」

高山はテーブル越しに豊川に頭を下げた。

「それはよかった。ところで、チームミーティングや1on1ミーティングはやらないのか？」

高山は「あっ」と、思わず声を漏らした。

「がんがん前に進むだけでなく、メンバーの成長状況を把握したり、メンバーの疑問や悩み、あるいはひそかにつまずいていることを聞いたりする必要があるんじゃないのかな。それこそ君がこれまでカスタマーサクセスで顧客に行っているように、君はメンバーの状況を把握してサポートしてくれないとね」

すっかり失念しておりました、と高山は自分の頭を軽くたたいた。

少し、駆け足過ぎたかもしれない。これからは定期的にミーティングを開かなければならない、と反省した。

取るべき行動の解説

チームミーティングと1on1ミーティング

カスタマーサクセスチームに限りませんが、定例ミーティングを開くのであれば、必ず毎回ミーティングの目的を明確にしてアジェンダを作成し、ミーティングによりフィードバックできる体制にしなければなりません。

まず、ミーティングでは毎回、数値の報告から始めるとよいでしょう。既にチャーンレートやNRR・NDRについて説明しましたが、これらのゴール目標に対してログイン回数などの中間指標としてのKPIを設定し、現状を数値で報告させて共有することが大切です。

これらの数値を見ながら今月の契約維持状況やアップグレード状況を見つつ、アクティブなアカウントの割合や、各顧客の予約数などの成果も共有し、評価します。

それぞれが担当している顧客のすべてについての詳細な報告は時間的に無理なので、特に良い面と悪い面で注目すべき動きのあった顧客についてのみ、共有事例として報告し合います。また、担当ごとに成功したと判断できた調査や提案についても共有します。

次に、顧客からのクレームや要望など、製品やサービスの改善につなげられる顧客の声を共有し、必要に応じてリーダーがまとめて開発部門や企画部門にフィードバックします。

また、リーダーはメンバーと定期的に1 on 1ミーティングを行います。時間は週一のミーティングは30分間、月一のミーティングは60分などを目安とし、メンバーの疑問や悩み、提案などを聞き、また職場の環境や働き方などについても話し合える場にします。

行動22 チームメンバーを増員する

Document
—ドキュメント—

カスタマーサクセスチームは３人のメンバーで業務を回し、解約率は減少し、クロスセルやアップセルも伸びてきていた。

しかし、ある日の定例チームミーティングで、堀口が切り出した。

「高山さん、さすがに今の人数では回せなくなってきています」

「お客様のフォローをもっと丁寧にやりたいのですが、今の人数では限界だと感じます」

高山は堀口と岩崎が日々よくやってくれていることを知っている。確かに、カスタマーサクセスの働きの効果もチャーンレートやNRRに出てきている。

現在、１人当たりが担当している顧客数も限界に達していると考えられるし、オンボーディングの案内やセミナーの運用、顧客ごとの分析やつまずきポイントのフォロー、顧客のタスク管理、データ分析など、多岐にわたる業務の一つひとつの負担が大きくなってきている。

「分かった。ただ、感覚的に忙しい、だけでは説得力がないので、増員すべき根拠を出してみよう」

取るべき行動の解説

フォローできる顧客数から人員を割り出す

カスタマーサクセス担当者の１人当たりの売り上げは、製品や市場規模、業界により変わりますが、一般的に5000万円前後と言われています。

例えば高山氏が勤務しているSmart Lodging Book社のホテル予約サービスの売り上げが30億円とします。顧客数はこの時点で2500社とすると、１社当たりの売り上げは120万円になります。１人当たりの一般的な売り上げが5000万円だとすると、それを１社当たりの売り上げ120万円で割ると約42社になります。

つまり、１人当たりの適正な担当顧客数は42社程度となります。このことから、３人で担当できる適正な顧客数は126社程度となります。

しかし実際には2500社を３人でフォローしていますので、本来であれば、2374（＝2500－126）社は手が回っていないことになります。ここがキャパオーバーしていることを示す数字になります。

現実問題としては、ハイタッチ対象として上位10社程度に絞り込むしかありません。このときの上位とは、継続年数が長く、より高額なプランが導入されていることを示します。

例えば、上位10社で５億円を売り上げていたとします。すると、１社当たりの売り上げは5000万円になりますので、ハイタッチでフォローするには１人当たり１社を受け持つのが適正だと考えられます。すると現在は３人でフォローしていますので、上位10社に対してだけでも７社がキャパオーバーと考えられます。

売り上げのシミュレーションから人員を割り出す

全顧客を丁寧にフォローするには、最終的にはカスタマーサクセスチームの人員を約60（＝30億円÷5000万円）人にしたいところですが、現実的に３人で回している部門の人員をいきなり60人に増員することは不可能でしょう。そこで、上位10社だけでも丁寧にフォローすると妥協すれば、カスタマーサクセスチームを約10人にしたいと考えられます。つまり、あと７人増員したいということです。

しかし、この根拠をもってしても、３人の部門に７人を増員することは難しいでしょう。そこで今度は、成果の面から説得できないか考えてみます。経営陣を説得するのは、やはり売り上げの伸びです。理想としては、既存顧客による毎年の売り上げの維持率が120～130%になっていれば、毎年既存顧客だけで売り上げが20～30%の成長を示していることになります。この理想を目指していることを訴えて、増員の要請を行ってはどうでしょうか。

しかも、増員してカスタマーサクセスの体制を強化すれば、既存顧客からの売上維持率は、今後さらに上がることを示します。これは、新規開拓で30%伸ばすよりもコストがかかりません。

ここで人員のコストを確認しておきましょう。仮に１人当たりの年収を500万円だとすると、もし人員を理想的な60人にした場合は３億円です。

一方、現在の売り上げの30億円が20%伸びると36億円になります。売り上げが６億円伸びるのであれば、人件費に３億円かけても問題ありません。実際には人員が増える分、オフィスのスペース確保やシステムの導入などの費用が発生しますが、それらを考慮してもプラスになると考えられます。まして10人に増員するのであれば、人件費はわずか5000万円ですから全く問題ありません。

したがって、将来的には60人体制を目指すとしても、まずは10人に増員し、さらに実績を重ねながら増員をしていくことが現実的となります。

以上のシミュレーションを実現するためには、既存顧客の解約を防ぎながら、カスタマーサクセスによりクロスセルとアップセルによる売上増加を実現しなければなりませんので、増員が必要になる、ということを経営陣に説明します。

行動 23 チームの役割分担をする

Document
―ドキュメント―

高山の席に豊川がやってきて、「カスタマーサクセスチームの人員を７人増員して10人体制にする件だが、役員会を通ったぞ」と告げた。

「ありがとうございます！」と答えた高山の後ろで、堀口と岩崎が向き合って「やったね」と言い合っているのが聞こえた。

「あの売り上げのシミュレーションは魅力的だったからな。後で、採用方法について相談しようか。会議室を押さえておいてくれ」

「分かりました」

「それと、10人体制になった場合の役割分担について、そのときに提出してくれ。どんな人材が必要か明確にしてからでないと採用できないから」

豊川は堀口と岩崎の２人に向かって、「よかったな」とほほ笑むと自分の席に戻っていった。

高山の頭の中には、既に役割分担のアイデアがあった。

取るべき行動の解説

カスタマーサクセスの役割分担

高山氏のチームが10人体制になれば、契約を維持させる役割と売り上げを伸ばす役割を分担しやすくなります。

例えば８人を契約維持に割り当て、２人を売り上げアップに割り当てるなどです。さらに契約維持担当の８人のうち６人は直接対面のハイタッチ担当で、２人はデジタルツールを使ったテックタッチ担当にするのもよいでしょう。さらにテックタッチ担当の２人を、メール案内やウェブサイト上の案内、動画配信などの担当と、イベントプログラムの運営やマニュアルの制作・配信を行う担当にすることも考えられます。

直接対面のハイタッチ担当の６人も、顧客のカテゴリーで分けることができます。ビジネスホテル系とリゾートホテル系を３人ずつで担当するなどです。

また、売り上げアップ担当の２人も、プランのアップグレード担当と、コンサルティングサービス担当のように分けてもいいでしょう。アップグレード担当者は、通常プランのまま使い続けている顧客をリストアップし、上位プランへの提案を行います。

コンサルティングサービス担当者については、上位顧客に対してホテルの予約が増加するマーケティング施策について、月額30万円でアドバイスするなどが考えられます。

行動24 専門的な人を集めて学ぶ

Document
—ドキュメント—

カスタマーサクセスチームもいよいよ10人体制となり、にぎやかになってきた。高山自身は相変わらずプレイングマネジャーとして自分を含めた６人でハイタッチグループを率いていた。売り上げアップ担当は堀口に１人を付け、岩崎にも１人付けてテックタッチグループのように分けた。

そして、チーム全員と1on1ミーティングも行っているうちに、メンバー全員の共通要望として、「もっと学びたい」という姿勢が浮かび上がってきた。

その話を藤島にすると、「もうその規模のチームになったのなら、チームのレベルを高めるために各分野のプロフェッショナルを招いて講習会やセミナーを開いてもいいよね」と言われた。

しかし、講師をどうやって探せばいいのだろう、とつぶやくと、「何も外部の人の必要はないよ。社内の各部門のトップがいるじゃない」と言われ、「なるほど」と膝を打った。

実は高山自身も、まだまだ学びたいことがあるのだ。

取るべき行動の解説

講習会を開くメリット

カスタマーサクセスの業務は多岐にわたり、それぞれの専門性も高くなります。そのため、チームがある程度の規模になったら、各分野の専門家を講師として招いて学習する機会を設けることが、メンバーのスキルアップやモチベーションを高めるためにも有効になってきます。

もちろん、社外から専門家を招いてもよいのですが、まずは社内のプロフェッショナルたちに目を向けてみるとよいでしょう。各部門のトップや成績優秀者を講師に招くことで、カスタマーサクセスチームの存在や業務内容を他部門の人たちにも知ってもらえる良い機会になりますし、他の部門の専門性をリスペクトすることで、部門間の関係性も良好になることが期待できます。

カスタマーサクセス部門が成長するにつれて様々な部門との連携が必要になってきますし、ゆくゆくは経営戦略自体に影響を与える部門になることからも、他部門との関係を良好にしておくことが重要です。

例えば、ハイタッチで顧客を支援する活動は、ITコンサルタントやプロジェクトマネジャーの仕事に近いのです。ハイタッチでは顧客と直接対面しながら解約を阻止し、同時にクロスセルやアップセルで売り上げを伸ばしていきます。顧客が法人の場合は法人営業のスキルが役立ちますので、社内の法人営業部の部長や成績優秀者から学べることは多くあります。

一方、テックタッチやロータッチではデジタルツールを使って顧客と接点を持ち、コミュニケーションを取っていきますので、そのスキルはデジタルマーケティングに非常に近くなります。特にデジタルマーケティングの中でもCRM（Customer Relationship Management）に近くなります。

CRMでは顧客が製品やサービスを購入した後にメールを送信したり、コミュニケーション用のコンテンツを整備したりするなど、デジタルにより顧客との関係性を維持する環境を整える方法を学ぶことができます。

また、イベントの運営やセミナーの運営に関しても企画室などから実務レベルで実績のある社員に講師をお願いしてもよいですし、マニュアルづくりに関してなら、ライティングや編集に関わっている部門から講師を招くとよいでしょう。

こうしてチーム内のスキルを高めること、カスタマーサクセスの活動について社内での理解を得やすい環境を整えること、そして社内の他部門との関係を良好に保てることなど、専門性を高めるための講習会を開くことにはいくつものメリットがあります。

STEP 4

専門部署を立ち上げる

4-1 「カスタマーサクセス部」設立

行動 25 カスタマーサクセス部門をつくる

Document
ードキュメントー

カスタマーサクセスチームはその後も実績に応じてメンバーが増え、現在では高山を含めて20人になっていた。

この人数になると高山が直接フォローすることが難しくなったため、現在では堀口と岩崎がサブリーダー的にメンバーたちをまとめていた。

「君のチームもにぎやかになってきたな」

今日はまだ1on1ミーティングの日ではなかったが、高山は豊川に呼び出されて会議室で対面していた。

「思ったよりも早くカスタマーサクセスが社内で認知されるようになりました。部長のおかげです」

そう言うと、高山は豊川に軽く頭を下げた。

いやいや、君の頑張りの賜物だよ、と豊川は顔の前で軽く手を左右に振ると、「ところで」と本題を切り出した。

「私は今度、役員になることになった」

「えっ、おめでとうございます！」

「ありがとう。だが、営業企画部の部長は、しばらくは兼任ということで忙しくなる。しかし、カスタマーサクセスチームまでは面倒が見られなくなる。人員も増えたしな」

それでだ、と豊川は身を乗り出してから再び背もたれに身体を預けると、高山が驚くことを口にした。

「カスタマーサクセスチームを部に昇格するから、君が部長としてまとめてくれ」

「え？　いや、しかし」

君しかいないだろう、と豊川は笑った。

「カスタマーサクセスを１人で立ち上げて、チームをここまで育てたのは他ならぬ君だ」

――大変なことになった。これは藤島先輩に報告しないと。

取るべき行動の解説

経営戦略の中のカスタマーサクセス

この段階で、おそらく部長の豊川氏はカスタマーサクセス部を30～50人規模の部門にすることを想定していると思われます。高山氏を部長にすることで、堀口君や岩崎君がリーダーの立場になっていくことも想定しているでしょう。

例えば高山部長を除いた19人のうち、契約維持の担当者が15人、売り上げ拡大の担当者が４人とします。そして契約維持の15人はビジネスホテル担当とリゾートホテル担当、そして旅館担当に各５人とすれば、部内に５人のチームが３つ、４人のチームが１つで計４チームをつくることができます。

あるいは担当地域別に分ける方法も考えられます。さらに機能別にハイタッチチーム、イベント・コンテンツチーム、テックチームなどに分ける方法も可能です。そして豊川氏が構想している人数にまで拡大するためには、高山氏はマネジメントに集中できる環境を整えていくことになります。

一方、豊川氏は営業企画部長を兼任するとはいえ、役員になるため、今後は経営チームの一人として会社全体に対するレポーティングを行うようになります。つまり、IRを意識するようになります。既にカスタマーサクセスの売り上げは、やがて経営の柱になるであろう成長を見せているはずです。

サブスクリプションビジネスを柱にしている企業の多くは、IRに既存顧客の継続率やNRR・NDRなどを盛り込んでいます。つまり、カスタマーサクセスが経営戦略上、重要な位置付けになっているのです。同時にクロスセルやアップセルのためにプロダクトの強化も重要なテーマになってきます。例えばクラウド型会計ソフトを提供していたSaaS企業が、会計士によるコンサルティングサービスを始めたり、勤怠管理機能や福利厚生のオプションを提供できるようにしたりするなどです。

高山氏のSmart Lodging Book社であれば、ホテルの集客マーケティングをコンサルティングすることや、ワークスペースとしてのホテル利用予約オプション、ホテルを活用したイベントの企画・開催、旅行代理店との共同開発でツアープランを提供するなどが考えられます。高山氏も部長になったことで、このような経営戦略の中で、カスタマーサクセス部の役割を考える立場になっていきます。

行動 26 部門の目標を決める

Document
―ドキュメント―

高山は次の部門長会議でカスタマーサクセス部の目標を出さなければならない。

――この手の仕事が一番苦手だな。

カスタマーサクセス部は人員も増え、売り上げも経営戦略上おろそかにはできない数字を持つようになっている。

「だから、目標は経営陣向けの目標と、現場レベルで目指すべき目標の両方が必要になってくるよ」と藤島先輩にも言われていた。

ここはじっくり取り組むか、と独り言をつぶやくと、現在の実績を確認し始めた。

取るべき行動の解説

経営陣向けの目標とメンバー向けの目標

カスタマーサクセス部の目標として最も重要なのは売上維持率で、いかに解約を阻止しながら既存顧客からの売り上げを伸ばしていくのかを示すことです。

この目標を出すには、根拠となるセグメントごとの目標を出しておく必要があります。例えば、ビジネスホテル部門の売り上げは伸びているけれども、解約率を下げることができていなかったら、この部分の数字を下げることが目標になります。また、リゾートホテルや旅館では解約率が低く安定しているのであれば、クロスセルやアップセルによる売り上げ拡大を目標にします。

メンバーに目標を示すときには、メンバーが実際の業務に落とし込んで自分事としてイメージできる目標を掲げます。そのためには、目標の期間を１カ月、３カ月、半期と刻むと効果的です。そうすると、日々の業務に落とし込むことができます。

そして、各目標を達成するために、KPI（Key Performance Indicator）を設定します。KPIはセグメントごとに設定する必要があります。例えばハイタッチを行っているグループであれば、解約率を下げて売り上げを拡大するために、既存顧客とのミーティング回数を増やすなどになります。ミーティング回数が増えることで顧客との接点が増え、契約維持・売上維持に貢献できます。

あるいは、プランのグレードアップに関する商談数をKPIにしてもいいでしょう。テックタッチやロータッチでは、セミナーの参加率をKPIにすることや、メールの開封率や顧客向けウェブサイト・動画サイトのアクセス数も考えられます。

売上維持率を高める目標をこれらのKPIに落とし込むことまでし

て初めて、メンバーの一人ひとりが自分事として受け止められるようになります。目標は部長が一人で判断して決めてもよいですし、部下とのミーティングで決めてもよいでしょう。

このように、経営陣向けにはセグメント単位にまで落とし込んだ部の目標を提示し、同時に現場用の目標も定め、それぞれにKPIを定めることで、メンバーに自分事としてイメージしてもらうことが大切です。

行動 27 メンバー全員でカスタマージャーニーマップをつくる

Document
―ドキュメント―

ここは、新宿界隈のとある居酒屋。

高山は、先輩の藤島が社長を務めるopenpage社の公開セミナーに参加した帰り、藤島に時間があるというので「久しぶりに飲むか」となり、近所の店に入った。

「どうだい、部長職は」

藤島が尋ねた。

「いやぁ、大変です。でも、みんな自分の担当業務に詳しくなってくれているので、まぁ、助かってはいますけど」

「そうか、ということは、そろそろ気を付けないといけない規模だな」

「何をですか？」

視野狭窄だよ、と藤島は言う。

会社組織というのは、分業化が進むと、各人自分の作業範囲のことしか見えなくなってくる。

「カスタマーサクセスも同じだよ」

そもそもカスタマーサクセス自体が、全体の中の一工程だ。マーケティング活動があり、営業活動につなぎ、そして受注したら、そこからカスタマーサクセスが活動する。

「KPIの話をしただろう？」

はい、と高山がうなずくと、「それそれ」と藤島が続けた。

「例えばKPIで既存顧客とのミーティング回数を増やすことを決める。それ自体は必要な施策だからいいんだ。問題は、KPIを追うことに夢中になってしまうってことなんだ」

放っておくと全体を見失ってしまう、と藤島は警告した。

「どうすればいいんですか？」

「カスタマージャーニーの話だけど……」

高山は身を乗り出した。

取るべき行動の解説

初めはシンプルに作成する

カスタマーサクセス部門の人員が増えて細かく役割分担されるようになると、確かに効率は高まります。また、教育も行いやすくなります。

しかし一方で、全体の流れに対する意識が薄くなり、自分の担当業務の必然性や前後の担当者との連携の重要性を意識しなくなったり、その結果として改善すべき点に気付きにくくなったりします。

そこでカスタマージャーニーマップを作成することで、全体の流れとその中での自分の役割の重要性を再認識することができます。カスタマージャーニーとは、顧客が自らの課題に気付き、それを解決できそうな商品やサービスを知り、購入や契約をし、優良顧客になるまでのプロセスのことを指します。そしてそのプロセスを図にして可視化したものをカスタマージャーニーマップと呼びます。

ただ、いきなり立派なカスタマージャーニーマップをつくろうとして参考になりそうな例を見ると、その複雑さにやる気が萎えてしまうかもしれません。カスタマージャーニーマップの基本的な構成は、左から右に向かって顧客のフェーズが進み、縦には顧客の心理状態やカスタマーサクセス側の施策などを書き込みます。

カスタマージャーニーマップを作成する際には、顧客のプロセスのステップの分け方には決まりがありません。最もシンプルなステップは、オンボーディング・アダプション・エクスパンションなどとなりますが、契約・導入・定着・活用・更新と日本語に直してもいいでしょう。販売している商品やサービスにより、適切なプロセスを設定してください。

ただし、最初から細分化し過ぎると、混乱してつくる気力を無くしますので、3ステップ程度のシンプルなカスタマージャーニーマップからつくってみましょう。

例えば、まずオンボーディング・アダプション・エクスパンションで作成し、オンボーディングを契約前オンボーディングと契約後オンボーディングに分けたり、アダプションを初回ミーティング後・運用1カ月め・運用3カ月めに分けたりします。

ホテル予約サービスであれば、機能の利用状況で、最初のサイトを公開後・初予約後・予約10件後・予約50件後など、予約数でステップを分けるのも一つのアイデアです。ただ、あまり細かくし過ぎると、ステップごとの顧客の心理状態やカスタマーサクセスの対応方法などの設定が煩雑になる可能性がありますのでほどほどにします。

結局、カスタマージャーニーマップでは、顧客のプロセスに合わせてカスタマーサクセスとしてどのような案内をすべきかをハイタッチ・ロータッチ・テックタッチごとに記載したり、ウェブサイト・メール・セミナー・電話などの伝達手段ごとに記載したりします（**図表4-1**）。

このあたりの整理の仕方も、商品やサービス、カスタマーサクセ

	オンボーディング	アダプション	エクスバンション
	契約／導入	定着／活用	更新／拡大
心理	□ 初のIT導入で不安 □ 頑張って使っていきたい	□ 自社の利用方法が合っているかわからない □ もっとうまく活用していきたい	□ 上司への費用対効果の説明が難しい □ 解約はしたくないけれど…
ハイタッチ	□ 初めて導入した他の顧客事例を紹介	□ レポートから振り返り資料を提出	□ ROIのシミュレーション資料を提供
テックタッチ	□ 入門ウェビナーをわかりやすくつくる	□ 活用事例集をPDFで配布する	□ ROI計算Excelをダウンロード可能に

図表4-1　カスタマージャーニーマップの例

スの体制に合わせて適した整理の仕方を考案してください。

視野狭窄に陥らないために

このカスタマージャーニーマップをカスタマーサクセス部のメンバーでディスカッションしながら、ホワイトボードに付箋を貼るなどしてつくっていきます。

この作業はかなり盛り上がりますので、プロセスや施策を整理できるだけでなく、普段は個々の担当プロセスで別々に作業をしている部内のメンバーがお互いの仕事を理解し合ったり、アイデアを出し合ったり、あるいは共に顧客の心理状態を推測し合ったりするなどして一体感を得られるという効果もあります。

ただし、盛り上がり過ぎてカスタマージャーニーマップをつくったことだけで達成感を得て満足してしまうこともあります。したがって、作成したカスタマージャーニーマップは必ず行動とセットであることを肝に銘じておきましょう。

このとき、自分が受け持っているプロセスの全体の中での位置付けや前後のプロセスとの連携を理解できていることが大切です。

視野狭窄に陥らないためのもう一つの心構えとして、有名な「Googleの20%ルール」を活用することも有効です。自分のKPIを追うことだけに懸命になっていると、視野が狭くなりがちです。そこで業務時間の80%は目の前の業務に集中するとしても、常に20%は将来の自分に投資することに使うのです。例えば部門全体、会社全体に対してできること、あるいは自分のやりたいプロジェクト、将来チャンスになりそうなプロジェクトに費やすという考え方です。

このように、カスタマージャーニーマップをつくることで、カスタマーサクセス全体の中での自分の担当業務の位置付けを理解しながら、他のメンバーの業務との関係性を理解でき、チーム全体の課題発見力と解決力を高めていくことができます。

行動 28 新しい施策にトライする

Document
ードキュメントー

カスタマージャーニーマップの成果の一つとして、季節限定の宿泊プランを登録すると予約数が増加することを顧客に提案する案が出た。宿泊プランの登録パターンを数種類の中から選び、期間も簡単に設定できることを案内すれば予約サービスの利用率を上げられるはずだと考えたのだ。

アイデアを出したのは、岩崎の指導の下でテックタッチを担当している藤原久美だった。彼女は新卒後旅行代理店の企画室で働いた経験があるため、ホテルの予約客を増やすアイデアは幾つか持っているようだ。

「いいじゃないか」

高山は岩崎に、「このプロジェクトは藤原君に担当してもらうが、岩崎君がフォローしてくれ」と指示した。

岩崎が「はい」とうなずくと、隣で藤原が「頑張ります！」と小さな両手の握り拳でガッツポーズをして見せた。

取るべき行動の解説

新しい施策の担当者をフォローする

メンバーにカスタマーサクセスの新しい施策を実施させる際に、上司はどのような配慮を示すべきでしょうか。

メンバーは既に与えられた担当業務の範囲でKPIを追いかけているため、新しい施策の担当になってもKPIを追いかけることに精一杯で新しい施策までは手が付けられませんでした、という結果になることがあります。

この事態を防ぐために、上司は部内で、そのメンバーが新しい施策を担ったことを告知する必要があります。

新しい施策を実施してもらうためには、そのための環境を用意してあげる必要があります。「彼女は今日から季節限定宿泊プラン担当大臣だ」と冗談で告知してチーム内の理解と協力を促してもいいかもしれません。

注意しなければならないのは、新しい施策を担わせておきながら、定例ミーティングなどで、その話をしないことです。高山氏に季節限定キャンペーンの担当に任命された藤原君は、通常はEWSで解約リスクの高まった顧客を見つけてフォローのメールを送信する業務を担当していますので、これら通常業務以外に「季節限定キャンペーン」の作業をすることになります。

このことについてマネジャーの岩崎君には理解してもらい、かつ藤原君を支援しながら高山氏への進捗状況の報告も行うなど、藤原君をフォローしてもらわなければなりません。要は、メンバーと部長の目線がズレてはいけません。

このようにカスタマーサクセス部門では、通常業務とは別に、新たに取り組んでいる施策も並行して実施していく必要があります。

4-2 ベストプラクティスを導入

行動 29 ヘルススコアを実践する

Document
—ドキュメント—

豊川は役員になったといっても、営業企画部長を兼任しているため、以前と同じ席で業務を行っている。

一方の高山は、自らが率いるカスタマーサクセス部の人員が増えたため、企画部に間借りしていた状態から抜け出し、同じフロアだが別の部屋に移動していた。

高山に内線が入った。豊川からだった。「ちょっと来てくれるか？」と言う。

豊川の席に行くと、一枚の職務経歴書を渡された。

「谷口哲也、25歳？」

高山が首をかしげると豊川が説明した。

「この谷口君は営業企画部の人材募集で応募してきて採用したのだが、彼はデータサイエンティスト検定を取得しているんだよ。だから君のところに配属したほうが活躍できるんじゃないかと思ってね。どうだ？」

実は既にカスタマーサクセス部のことを伝えてあり、本人はやる気を示しているんだ、と豊川は言う。

「データを見られる人材が欲しいと思っていたところです」

「それなら話は早い。すぐに人事部から谷口君に連絡させて、来週の月曜日には君のところに行かせるから席を用意しておいてくれ」

ありがとうございます、と高山は頭を下げた。

——月曜日。

「みんな、今日からうちの部に加わる谷口君だ。よろしく頼む」

高山が谷口をカスタマーサクセス部のメンバーに紹介すると、「よろしくお願いします。谷口です」と谷口はぺこり、と頭を下げた。

既に30人の大所帯になっているため、メンバーの一人ひとりを紹介することは避けたが、リーダー格となっている堀口と岩崎には改めて紹介した。

「谷口君には岩崎君の下でテックタッチを中心としたカスタマーサクセスの仕事をお願いしたいけれども、特にデータ周りの分析を任せたい」

高山の説明を受けて岩崎が続けた。

「谷口君が来てくれると助かります。ヘルススコアを出してみたいと思っていたんだけど、うまくいかなくて。そのあたりから一緒にお願いしますね」

「はい」と谷口は少し力んだ。

取るべき行動の解説

ヘルススコアの指標

ヘルススコアは直訳すると「健康得点」ですが、カスタマーサクセスにおいては顧客の自社製品やサービスの利用状況を指します。自社の製品やサービスを継続して利用してくれるかどうかを数値化しようというものです。利用状況が「健康」であれば継続の可能性が高いと見込めますし、健康状態が悪ければ解約のリスクが高まっていると推測できます。

カスタマーサクセスの活動の基本は、契約維持と契約アップです。ところが契約維持や契約アップの成果を確認できるまでには時間がかかります。例えば6カ月プランであれば、解約するのか継続するのかは6カ月たってみないと分かりません。また、クロスセルやアップセルによる契約拡大に対する活動もすぐには成果が出ません。また、ハイタッチやセミナーなどのロータッチも、速効で成果が出るとは限りません。そのため、顧客の状況を追いにくい面があります。

そこでもっと細かく顧客の状況を把握する指標をつくり、確認していこうというのがヘルススコアです。例えばヘルススコアを確認するには次のような指標を分析することが考えられます。まず、ログイン情報で顧客企業内の利用者数や利用頻度を確認し、アカウントの登録人数は多いにもかかわらず特定のアカウントしかログインしていなければ、製品の活用が社内で浸透していないことが推測できます。また、ログインの頻度が少なければ、製品の活用度が低いことが分かります。

次にセミナーへの参加頻度やハイタッチミーティングの頻度、メールの開封率、問い合わせの回数などから、製品活用意欲が分かります。

また、NPS（Net Promoter Score）で取得した顧客ロイヤルティーの高さにより解約リスクと継続可能性を推測できます。他にも、ホテル予約サービスであれば、このサービスを通して予約がどれくらい入っているかもヘルススコアの指標に使えます。

さらにROI（Return On Investment）に注目する方法もあります。ROIは投資収益率や投資利益率と訳されますが、顧客が自社の製品やサービスを利用したことで、支払った費用を超える成果を出せているかが解約や継続の可能性の推測に役立つという考え方です。

これらのデータを分析して可視化し、顧客ごとの健康状態を把握します。ヘルススコアを分析するにはスプレッドシートを使うこともできますが、大量のデータを効率的に解析するのであれば、CDP（Customer Data Platform）やBI（Business Intelligence）などのツールを導入することを検討してもよいでしょう。

ヘルススコア活用の注意点

ただし、ヘルススコアは遅行指標です。したがって、良い結果が出たとしても過度に期待すべきではありません。あくまで参考値として捉えるべきです。それでもヘルススコアで解約リスクを捉えることができれば、その原因をさらに深く解析する必要があります。

例えば以前、カスタマーサクセス部の藤原君が季節限定宿泊プランの提案をしましたが、このような案内をした直後はログインの頻度が高まったり設定の頻度が高まったりしますので、一時的にヘルススコアが良好に見える可能性があります。そこでこの顧客の継続可能性は高いと安心していたら、次の更新で解約してしまうかもしれないのです。

それは、季節ごとにプランを用意するといった手間がかかっている割には予約数が増えていなかったので、このような割に合わないサービスであれば解約したい、と考えるかもしれないためです。

ここがヘルススコアの運用の難しさです。そこでヘルススコアを補完する分析として、各指標の相関分析を行います。各指標と解約率や継続率との間にどれだけ相関関係があるのかを調べるのです。まずはヘルススコア自体の数値が増えたら契約の継続率が上がっているのかどうか、つまり正の相関があるかどうかを見ます（**図表4-2**）。そして個々の指標について、例えばログインの頻度と継続率にどれくらいの相関関係があるのかなどを確認します。

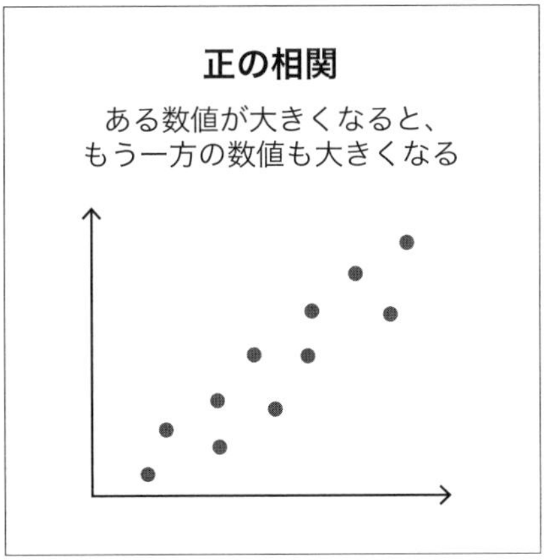

図表4-2　正の相関

ヘルススコアの予測精度が上がれば、いよいよ期末の目標値として採用します。自社が上場しているのであれば、IRにも記載することもあります。

以上は、ヘルススコアを業績予測のために活用する視点で紹介しましたが、ヘルススコアは行動のための指標にもなります。すなわち、ヘルススコアが解約リスクの高まりを示せば、カスタマーサクセスとしては、解約を阻止するための行動を起こさなければなりません。この段階で、それまでロータッチであった顧客をハイタッチの対象に移行するなどの手を打ちます。

行動30 テックタッチを導入する

Document
―ドキュメント―

カスタマーサクセス部は部長の高山を除いて30人のメンバーを抱えるまでになっていた。

さすがに1on1ミーティングも当初はメンバー一人ひとりに対して月に1度は実施していたが、現在は3カ月に1度の頻度に落としている。

「もっと本格的にテックタッチを導入したいと思っています」

今日の1on1はリーダーの岩崎の番だった。岩崎はテックタッチも担当していたが、ウェブサイトの更新やメールの配信を手動で行っていた。しかし谷口のデータ分析の結果、より一層きめ細かな顧客へのサポートを行えるほどに顧客の状況を把握できるようになっていた。

「そうだな」

高山も同感だった。部内には既に顧客が予約サービスでアカウントを登録してからオプションの運営を行うまでのマニュアルやセミナーのスライドや動画のコンテンツのストックも充実しており、案内のタイミングに関する経験も蓄積されていた。

「あとはチャネルの使い分けか」

現在、人が案内したりサポートしたりしている相当な部分を、デジタルのチャネルに置き換えられるだろうと高山は思った。

「分かった。テックタッチを本格的に導入しよう」

ありがとうございます、と岩崎は既に用意していたテックタッチ用ツールの資料をテーブルに広げた。

取るべき行動の解説

デジタルコンテンツの充実が必須

テックタッチが分かりにくくつまずきやすいのは、デジタルツールには種類が多く、使い分けを明確にできないためです。まず、テックタッチにはストック型とフロー型があります（**図表4-3**）。

ストック型コンテンツ

- 継続的にユーザーに求められる
- 蓄積、固定的な価値

（例）テキスト記事、動画

フロー型コンテンツ

- 短期的にユーザーに求められる
- 消費、流動的な価値

（例）ウェブナビゲーション、メール

図表4-3　テックタッチの２種類

フロー型はアラートを出したりプッシュしたりするために、メールやナビゲーションで通知を出すことなどを指します。しかしこれらの通知はきちんと見てもらえない場合が多いと思われます。あくまで顧客に気付かせる施策です。

一方のストック型とは、しっかりとつくり込まれたテキストコンテンツやマニュアルコンテンツ、あるいは動画コンテンツなどです。これらは数十分や1時間かけてじっくりと読んだり視聴したりされることを目的につくられています。

ストック型コンテンツは、カスタマーサクセスにおいて最初のステージであるオンボーディングからアダプション、エクスパンションに至るまでを案内できるコンテンツがそろっている必要があります（**図表4-4**）。これらのストック型コンテンツのうち、顧客の状況に合わせたコンテンツへ誘導するのがフロー型コンテンツです。

オンボーディング		アダプション		エクスバンション	
契約	導入	定着	活用	更新	拡大
初期設定		よくある課題と解決方法		他製品連携	
チェックリスト		定着支援セミナー		他製品紹介	
運用カレンダー		数値振り返り		ROIシミュレーション	
機能案内、ノウハウ、FAQ、ダウンロード資料、ウェビナー					

図表4-4　ストック型コンテンツの例

しかし、オンボーディングからアダプション、エクスパンションまでのコンテンツを体系的にそろえるには相当の労力と時間が必要です。また、蓄積されたコンテンツを管理することも簡単ではありません。例えれば、書籍一冊を書き上げるほどの労力が必要です。

また、テキストにすべきかスライドにすべきか、あるいは動画にすべきかなど、編集力も必要になってきます。例えば、コンテンツマーケティングを行っている部門があれば、コンテンツの作成に協力してもらえるかどうかも確認したいところです。

カスタマージャーニーマップで必要なコンテンツを確認する

このように、テックタッチではテックタッチを実施するツールの選択以前に、コンテンツが蓄積され管理を行える段階にあることが重要です。

コンテンツが漏れなくそろっているかどうかは、既に作成したカスタマージャーニーマップをガイドにチェックしてもよいでしょう。契約から定着、拡大に至るまで、すべてのプロセスにおいて、テックタッチは関与することができます。そしてストック型のコンテンツは主にウェブサイト上に掲載する方法が一般的です（**図表4-5**）。

例えば、「はじめての方へ」「活用方法」「インタビュー」「操作マニュアル」「動画解説」「勉強会情報」、そして「FAQ」などの項目に分類し、顧客が体系的に学べる環境を提供します。つまりこれらのコンテンツを読んだり視聴したりしていくと、カスタマーサクセスを順に体験できる環境の整備です。

図表4-5 openpage社のストック型コンテンツ格納イメージ

これらのストック型コンテンツに顧客を定期的に誘導するのがフロー型コンテンツです。具体的には予約サイトの管理画面上でポップアップを表示したり、誘導先のリンクを強調したり、あるいはメールで案内します。カスタマーサクセスの担当者が直接顧客企業の担当者に連絡して案内することもあります。

このように、テックタッチはタッチ方法こそデジタルですが、裏側の準備には泥臭い作業が必要になります。また、テックタッチの担当者は、ウェブサイトの制作ツールや動画編集ツール、メール配信ツールなどを使いこなせることが望ましいといえます。

行動 31 新メンバーをCSOpsに命名する

Document
—ドキュメント—

高山は「CSOps」と呼ばれるカスタマーサクセスのスタッフについて調べていた。

「要するに、CSOpsっていうのはシステム面からカスタマーサクセスの業務をサポートする、社内向けのメンバーなんだな？」

独り言である。しかし、岩崎の耳には聞こえた。

「部長、さっきから何をぶつぶつ言っているんですか？」

ああ、いかんいかん、と言いながら、岩崎に尋ねた。

「テックタッチもだんだん本格的になってきているので、ITツールの導入やツールを使った業務の仕組みづくり、あと目標制度などを導入できる人材が必要ではないかと思うんだがどう思う？」

「それが、さっきから口にしているCSOpsのことですか？」

そうだ、と高山はうなずいた。

「今までは部長がやられていましたけれども、部長職がお忙しそうですから、良いと思います」

そうか、とつぶやきながら、先日面接した求人への応募者のうち、２人の職務経歴を思い出していた。一人は大手通信会社で企画職の経験があり、もう一人はIT企業のコンサルタントを経験していた。

――ああいう人材が、CSOpsに向いているんじゃないだろうか。藤島先輩に相談してみるか。

取るべき行動の解説

CSOpsの役割

CSOpsをテックタッチの担当者に担わせようとする考えもありますが、テックタッチは完全にベンダーから顧客に向けてのデジタル化を担っています。お客様との接点をデジタル化する仕事です。

一方、CSOpsはカスタマーサクセスがより効率良く業務を遂行できるようにサポートする業務です。いわばデジタルマーケティング担当に対する情報システム担当のような位置付けです。つまり社内のサポート業務です。

もちろん、CSOpsの業務内容は企業により幅が異なりますので、中にはテックタッチまでを含む場合もありますが、基本的にはカスタマーサクセスのオペレーション支援です。

CSOpsは分かりにくい職種です。カスタマーサクセス自体がまだ新しい職種なのに、さらにそれをサポートする新しい職種であるということで、まだ理解が浸透していません。従来の職種で近いのは営業企画職です。日本での営業企画職は、目標や予算の設計、予実管理を行い、その業務は現場の生産性を高めるために目標を設定してシステムやデータの環境を整備することです。

例えば営業に対してであれば、SFA（Sales Force Automation）を導入したり、そのSFAで営業数値を見える化するためのレポートを作成する仕組みを整備したりすることなどを行います。また、デジタル化だけでなく、何カ月かに一度成績優秀者を表彰する評価制度を整備するようなことも行います。

営業の生産性を高めるためのオペレーションをつくるのが営業企画職で、そのカスタマーサクセス版がCSOpsです。つまり、CSOpsはカスタマーサクセス企画職になります。そこで高山氏がCSOpsとして検討している人材に、元大手通信会社の企画職やITコンサルタントの経験者がいるのは良い狙いどころだといえます。

このような人材であれば、CSOpsとしてカスタマーサクセスの業務プロセスの改善や生産性を高めるツールの導入、KPIを設定してPDCAサイクルを回す、そして評価制度をつくるなどの業務をこなせると思われます。

CSOpsはカスタマーサクセス10～20人に対して１人前後が妥当と考えられますので、30人のメンバーが所属する高山氏の部であれば、２人を検討しているのは妥当といえます。

行動 32 ユーザー交流会を立ち上げる

Document
—ドキュメント—

会議室では高山と堀口が1on1ミーティングを行っていた。

「それで、やってみたいことがあるんですが」

堀口が言うには、カスタマーサクセス主催でユーザー交流会を実施すると良いということらしい。堀口はクロスセルやアップセルの担当者だ。

「ユーザー交流会が良いというのは誰かのブログで読んだのですが、確かにお客様とお話しをしていると、『他のユーザーさんはどんな感じなの？』と尋ねられることが多いんです」

「なるほど」

ユーザー交流会ねぇ、と高山は顎をなでた。

——そういえば、藤島先輩のところでもユーザー交流会を催していたな。

「分かった。やる方向で企画を詰めておいてくれ。こちらでもどんなメリットがあるかちょっと確認しておきたいので、まだ案内は出さないでおいてくれ」

——藤島先輩がなぜユーザー交流会を実施しているのか聞いておこう。

それでは、企画を詰めておきます、と堀口は張り切っていた。

取るべき行動の解説

交流会はコンテンツの素材集めになる

ユーザー交流会は単発で1回だけ催してもインパクトがありません。「あー、楽しかった」で終わってしまうためです。ユーザー交流会を開催するのであれば、月に1回や3カ月に1回など、定期的な会として企画したほうがいいでしょう。

高山氏の場合はホテル予約サービスのユーザーが集まりますので、同業者の集いとなります。本来であれば競合同士ですが、同じ職務に就いている人同士というのはお互いに親近感を持っている場合が多いのです。また、他社ではどのような工夫をしているのか、特に成功例は気になるものです。

例えば「うちではワーキングスペースとしてのプランを提供したら、予想以上に予約が入りました」や、「季節限定プランのオプションは、お客様にも好評でしたよ」、あるいは「写真の撮り方をコンサルしてもらったら、確かに予約が増えましたね」といった情報交換が行われるでしょう。

カスタマーサクセス側にとって重要なのは、交流会で聞くことができた「お客様の声」をコンテンツにすることです。イベントを行った報告とともに、提供しているサービスが有効であることを「お客様の声」として紹介するのです。これはウェブサイト上で公開してもよいですし、ホワイトペーパーとしてまとめてもよいでしょう。

自社で宣伝するより、実際の利用者であるユーザーの評価のほうが製品やサービスの内容について、説得力があります。また、ユーザーの成功例は自分事化しやすくなります。他社で成功しているのであれば、うちでも取り組みやすい、ということになります。

このように、交流会はコンテンツの素材として再活用し、生み出されたコンテンツをストックしてテックタッチを組み合わせることで顧客がアクセスできるようにすれば、提案のレパートリーが増えていきます。

顧客から学ぶ機会にする

顧客の製品やサービスの活用法の中には、カスタマーサクセス側では想定していなかったものがあったり、メリットについてもカスタマーサクセスよりも詳しい場合があったりします。

カスタマーサクセスの限界は、自分たちは実際に製品やサービスを活用しているわけではないことです。そのため、顧客の声を聞く機会はカスタマーサクセスにとっても学びが多く、とても有益です。

したがって、カスタマーサクセスがユーザー交流会を主催するのであれば、コンテンツの素材を得られることと、製品やサービスの活用方法に関する学びがあることを目標にするべきです。

あとは細かな配慮として、交流会ごとに参加者が手ぶらで帰ることがないように、有益な情報を提供できるプログラムをしっかりと組んでおくことや、ユーザー同士が交流しやすいように自己紹介カードを着用してもらうようにします。また、場が盛り上がるようなゲームやゲストスピーカーによる講演をセットするなどの工夫を施します。

さらに、「顧客の声」を確実に集められるように、アンケートを実施したり、カスタマーサクセスの担当者が参加者一人ひとりに話を伺ったりすることも大切です。交流会の感想と併せて、サービスの使用感なども尋ねます。あるいは不便だなと思うところや今ひとつ理解しにくい部分がないかを尋ねると、この際だから言っておきたい、と思っていたことを話していただける可能性があります。

ここで入手したデータは、カスタマーサクセス全体で共有するだけでなく、必要に応じて開発部門や営業部門とも共有します。

行動 33 地方拠点でのカスタマーサクセスを開始する

Document
—ドキュメント—

高山は、久しぶりに豊川から会議室に呼ばれていた。

「先日の交流会は盛況だったようだな」

豊川は会議室に入ると、椅子に座るなり一枚の紙を高山の前に置いた。

「カスタマーサクセスの成果が順調に出ているので、地方の支社や事業所でも、地域に根差したカスタマーサクセスを進めたいとの要望があったんだ。それは要望があった事業所のリストと、希望人員数のリストだ」

やはり、ホテルには地域性が出るんだな、と豊川は付け加えた。

高山がリストを見ると、大阪支社と九州事業所、沖縄事業所、そして北海道支社がリストアップされており、それぞれ２人ずつを希望すると書かれている。

「いずれも２人ずつの希望になっているが、１人は東京本社から経験者を派遣してほしいとなっている。もちろん、希望者が２人いればなお良いが、１人は現地の営業担当者などが異動することになるだろう。ゆくゆくは現地でリクルートして増員していくことになると思う」

そこで人選を頼む、と豊川は言った。

高山が一瞬、考え込んだのを見逃さなかった豊川は続けた。

「もちろん、本社の減員分は新人を採用して補ってくれて構わない」

「分かりました」

まずは希望者を募ってみます、と高山は答えた。

取るべき行動の解説

地方リーダーの人選方法

ホテル予約サービスのように、地域に根差したビジネスを行っている顧客が多く、既に各地域に支社や事業所がある場合は、カスタマーサクセスも各地域に拠点を設けることが有効な場合があります。

このような場合は、まず本社で実務経験を積んだ人員の中から、該当地域の出身者に打診するとよいでしょう。やはり地元出身者であれば、その地域の土地勘があり、地域性に詳しいためです。また、地元に対する愛着もあります。つまりUターン希望者を当たります。

もし、出身者がいなければ、各地域への希望者を募ります。もし希望者がいなければ、一つの方法としては支社や事業所でカスタマーサクセス担当になる人員に、一定期間本社のカスタマーサクセス部で実務を経験してもらう方法があります。本社のカスタマーサクセスとの人間関係を構築でき、仕事も覚えたところで支社や事業所に戻って各地のカスタマーサクセスのリーダーになってもらうのです。

このようにして本社との連携も取れる各地域のカスタマーサクセスのリーダーができれば、あとは現地採用で増員していくことになります。

いずれにしろ、各地域のリーダーには、新事業を立ち上げることに意欲を持っている人材が好ましいといえます。また、地域の良さを楽しめる人も向いています。

STEP 5

カスタマーサクセスを全社に広げる

5-1 社内に浸透させる

行動 34 NPSデータを経営会議で発表する

Document
—ドキュメント—

高山の内線が鳴った。豊川の内線番号からだった。

「はい、高山です」

「豊川だが、お疲れさま。先日提出してもらったNPSの集計データだが、非常に示唆に富んだ結果が出ていると思う」

正直、耳が痛くなる意見もあるな、と豊川は笑った。

NPS（Net Promoter Score）とは、顧客に対して自社が提供している製品やサービスを他の人にも薦めたいかどうかとその理由などを問うアンケート調査で、顧客ロイヤルティーを測る指標として活用される。

また、点数とともに、評価の理由についてのコメントを集めることもできるため、カスタマーサクセスにとっては貴重な顧客の声を集めることになる。そのため、カスタマーサクセス部には、NPSに関するデータの蓄積があった。

そのデータを集計して提出するように豊川から要請されたため、レポートの形で提出していた。

「このレポートの内容は経営陣も知っておく必要があるほど有益だと思うが、君はどう思う？」

自分もそう思う、と高山が答えると、「そこで、次の経営会議で配布するので、月末までに経営会議向けのドキュメントに編集できるか？」

大丈夫です、と高山は答えた。

――とはいうものの、経営会議向けのレポートってどんなレポートだろうか。

取るべき行動の解説

NPSのデータを経営会議向けのレポートにする

豊川氏のように、役員になると外部の顧客よりも社内の人たちとのコミュニケーションが増えます。その結果、顧客の声を直接聞く機会が少なくなり、部下から上がってくる情報への依存度が高まります。しかし、現場はできるだけ悪い情報を上げたくないという気持ちが働き、上がってくる情報にはバイアスがかかってしまう可能性があります。

そのことを知っている豊川氏は、カスタマーサクセス部に蓄積されているNPSを見れば、顧客の声に直接触れることができると考えました。すると案の定、そこには経営にも貴重なデータとコメントが集まっており、これは経営陣で共有する必要があると考えたのです。耳が痛くなるような顧客の声ほど、経営陣は共有する必要があると豊川氏は判断しました。

NPSの結果を経営陣に届けることは、社員にとっても良い面があります。すなわち、自分たちが批判していると受け取られたくないため、自社のサービスや社員に対するネガティブな情報を上に上げにくいのです。しかし顧客の声をそのまま上げるのであれば、社員は誰もダメージを受けません。

このことからも、NPSは経営陣に客観的な意見を届けられるいい仕組みです。経営陣に提出する際に配慮したいのは、生データをそのまま提出するのではなく、データを集計して良い評価と中立の評価、そして悪い評価を整理して提出することです。

また、コメントについてもどの観点で述べられているのかラベリングするなどの工夫もしたいところです。例えば、この批判はサービス自体に対してなのか、営業の態度に対してなのか、あるいはカスタマーサクセスのテックタッチに対してなのかなどです。コメントのカテゴライズがされていると、経営陣も自社のサービスの評価を把握しやすくなります。

経営陣が確認した後は、各部門は、具体的な対応策を提案するように要請されることになります。このようにカスタマーサクセスは顧客に非常に近いところから経営側に影響を与えられる部門に成長していきます。

より詳細な顧客の声を聞く

ところで、顧客の声を集められる部門としては、カスタマーサポートもあります。カスタマーサポートに集まる顧客の声とカスタマーサクセスに集まる顧客の声の違いは、前者は問い合わせやクレームが多くを占めることに対し、後者は（NPSにより）ポジティブな声や提案も集められることです。

したがって、カスタマーサポートとカスタマーサクセスの両方から顧客の声を集めると、より細やかな対応ができるかもしれません。

ただし、カスタマーサポートにしてもカスタマーサクセスにしても、そもそも製品やサービスを使う気すらなくなってしまったために評価も意見もしてくれないサイレントカスタマーからは、なぜ製品やサービスを使わなくなったのかを吸い上げることができないという限界もあります。

一方、NPSで高い評価を付けてくれた顧客は協力的であることが多いので、別途機会を設けてヒアリングを行えば、より詳細な情報を提供してくれる可能性があります。例えばマーケティング部門が気付いていない自社製品やサービスの魅力などについて、顧客から教えられるかもしれません。もしかしたら、もっと売りにできる訴求ポイントを見つけることができるかもしれません。

行動35 プロダクト部門との合同ミーティングをスタート

Document
—ドキュメント—

ここは新宿の居酒屋。

藤島が経営するopenpage社でカスタマーサクセスのイベントが行われた後、藤島に時間があるときは決まってこの居酒屋で話しをするのが高山の習慣になっていた。

「それで、うちのカスタマーサクセス部と開発部で定期的に合同ミーティングを実施することになったんですよ」

開発部の部長が役員の豊川に、もっと顧客の要望が知りたいと伝えたことから、それなら日常的に顧客と接しているカスタマーサクセス部と合同ミーティングを行えばよい、と豊川がアドバイスした。そのことから、カスタマーサクセス部と開発部で定期的に合同ミーティングを行うことになったという経緯を、高山は藤島に語った。

「確かに、うちの部に蓄積されている顧客の気付きや要望を定期的に開発部にフィードバックすることができる機会は、ボクも欲しいと思っていたんですよ」

そう高山が言うと、藤島は飲みかけていたビールのグラスをテーブルに戻し、高山に言った。

「それね、気を付けたほうがいいよ」

「気を付けるって何をですか？」

「カスタマーサクセス側がミーティングに臨む姿勢だよ」

藤島は、合同ミーティングで高山が気を付けなければならないポイントについて説明を始めた。

取るべき行動の解説

プロダクトの開発にはセンシティブな意思決定が伴う

開発部は常に顧客からのフィードバックや要望を知りたいと考えています。しかし、開発部が直接顧客と接する機会はほぼありません。そこで、カスタマーサクセス部門がない企業では、カスタマーサポートに寄せられたクレームや問い合わせの情報を開発部と共有する場合があります。しかしカスタマーサポートに集まる情報は基本的にはネガティブなものが多く、評価や提案などのポジティブな情報は非常に少ないといえます。

そのためカスタマーサクセス部門がある企業では、開発部はカスタマーサクセスが取得した顧客の気付きや要望を共有することを希望します。そこで、両部門の定期的な合同ミーティングが情報共有に有効であると判断され、実際に実施されることになります。ところが、この合同ミーティングでは、険悪な空気が流れやすいのです。

そこで私は、カスタマーサクセスがもっとプロダクトマネジメントについてのリテラシーを高めるべきだと提言します。その理由は、プロダクトの開発というのは、非常にセンシティブな難しい意思決定が伴っているためです。

例えば新しい機能をつくっても、その機能を不要に感じるユーザーがいます。開発側が良かれと思って追加した新機能が、ユーザーには求められていなかったということは多々あります。しかもユーザーにしてみれば、このような機能を追加するなら、もっと他に追加してほしい機能がある、そちらに開発コストをかけてほしいと思うことがあるのです。

また、開発側は、一部の人のリクエストに応える機能改善が、他の大部分のユーザーの使い勝手を悪くする可能性があることを理解しにくいのです。

そこでプロダクトマネジャーによるプロダクトマネジメントが必要になります。つまり、開発の必要性や優先順位、他の機能への影響などを検証する役割です。

評価されにくいリファクタリング

プロダクト開発のサイクルは複雑です。社内からの要望があっても、それを製品に反映させるには多くの関係者を内包するサイクルを回す必要があります（**図表5-1**）。

社内からの要望には大きく２つあります。一つはセールス活動で得た、不足している機能の追加要望です。もう一つはカスタマーサクセス活動で得た、より便利にするための機能の追加と使い勝手の悪さや不具合が報告された機能の改善要望です。

したがって、開発部門としては、その要望が新規顧客の要望か既存顧客の要望か、あるいは新機能の開発なのかバグへの対応なのかなどにより、開発内容を変えて対応します。また、プロダクトの開発にはリファクタリングという作業があります。

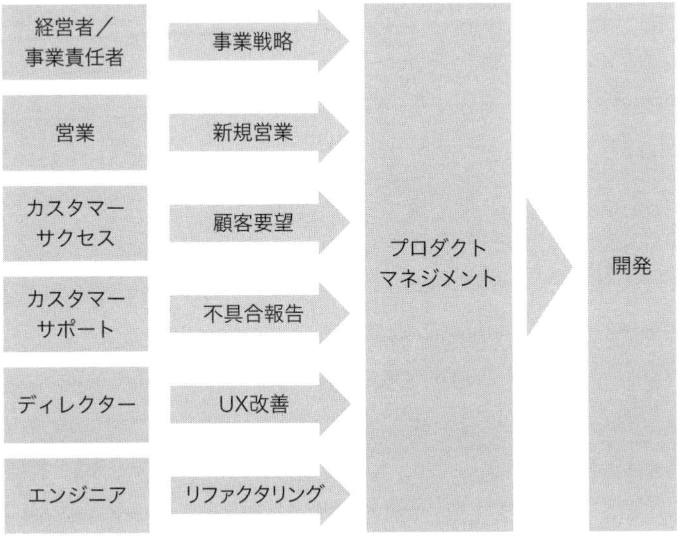

図表5-1　プロダクト開発の流れ

リファクタリングとは、ソフトウエアの外部的な動作は変えずに、内部構造を変えることです。ソフトウエアの開発は、コードを書き足していく作業です。ところがこのコードの積み重ねにより、ある部分の古いコードがソフトウエアのパフォーマンスを低下させてしまったり、新しい機能を追加する際に障害になってしまったりすることがあります。

これらに対処する作業がリファクタリングです。リファクタリングは、開発部門以外の人たちからは見えない部分ですので評価されにくい面があります。開発部門にしてみれば、セールス力を付けるための新規機能を追加する開発は評価されやすいが、ユーザーにとっての快適さを保つためにレスポンスをゼロコンマ何秒速めるように行った作業は全く評価されないというジレンマがあります。

また、今後新機能を追加する際に障害になると判明したコードを書き換える作業を行っても、機能が変わらないのでやはり評価されません。プロダクトマネジャーは、このリファクタリングも評価しつつ、他部門からの要望も反映させなければならない難しい立場にいます。

顧客の声は必ずしも正解ではない

このようにプロダクトマネジメントが一筋縄ではいかないことを理解せずに、カスタマーサクセス部門が「顧客から要望があったから機能を追加しておいて」「バグがあったから直しておいて」、あるいは「使い勝手が悪いから改善しておいて」などと、顧客を代弁しているのだから当然だという姿勢で要望を出すと、開発部はいら立ちます。

例えば、顧客の要望通りの機能を追加することが正解ではない場合もあります。別の機能でも課題を解決できたり、プロダクトの運用方法を変えるだけで解決する課題であったりするのです。開発部とカスタマーサクセス部が合同ミーティングをしてこじれるのは、このような事情によります。

このときに寄り添うべきなのは、カスタマーサクセス側です。その開発が、どのような意図や事情で行われたのかを、カスタマーサクセス側が学ぶ意識を持つべきです。顧客の気付きや要望は貴重な意見ですが、必ずしも正解であるとは限りません。顧客は各自の要望のみを訴えているのであり、他の顧客や他の機能への影響などは考えていません。ですから、顧客の代弁者として高飛車な態度で要望を伝えてはいけません。

合同ミーティングに臨むに当たって、開発部門が知りたいのはどのような話なのか、不具合を報告してほしいのか、最優先で改善すべき機能についての意見を聞きたいのか、それとも既存顧客がプランのグレードを上げたくなるような新規機能の追加が必要なのか、このような擦り合わせを行うのが、カスタマーサクセス部長の役割になります。

行動36 お客様事例をカスタマーサクセスが制作

Document
—ドキュメント—

カスタマーサクセス部の定例ミーティングが行われている。

メンバーが10人までのときは全員が参加していたが、30人になった現在はさすがに全員が参加できるだけの会議室もない。また、参加者が多いといつも発言するメンバーが決まってしまい、それ以外のメンバーは他人事のようになってしまう。

そこで現在は、リーダーの堀口・岩崎はレギュラーで参加させ、他に８人が持ち回りで参加していた。８人の中の１人が議事録を作成し、後にグループウエアにアップして全メンバーが会議の内容を共有できるようにしていた。

「他に何か提案のある人はいますか？」

ファシリテーターの堀口が尋ねると、一人の女性メンバーが「いいですか？」と手を挙げた。

堀口がどうぞ、と促すと彼女は、カスタマーサクセスが持っている顧客の成功事例をマーケティング部にも共有してもらいたい、と言う。

「せっかく新しくて良い成功事例があるのに、マーケティング部がウェブサイトで掲載している事例は昔のままで魅力的ではないと思うんです」

確かにもったいないね、と堀口は答えた。彼女は続ける。

「私たちは日ごろからお客様との接点が多くありますから、お客様の面白い取り組みや成功事例に関する情報がたくさん入ってきます」

「しかし、新規開拓のための事例紹介のコンテンツはマーケティング部がつくるのが当然だから」

と別の男性メンバーがコメントした。

「でも、マーケティング部の人たちって、実際に自社のサービスを使ったことがあるわけじゃないですよね」

だから臨場感がないのでは、とさらに別の女性メンバーが発言した。そして、最近の取り組み例の幾つかについて言及した。

「分かった。それでは、最新のお客様事例をカスタマーサクセス部で作成して、マーケティング部に提供するというのではどうだ？」

皆の話を聞いていた高山が提案した。

取るべき行動の解説

マーケティング部と連携する

マーケティング部は、カスタマーサクセス部から顧客の成功事例が提供されることを歓迎します。提供されれば、自社のウェブサイトに掲載し、記事下に問い合わせフォームを設置するでしょう。あるいは成功事例集としてホワイトペーパーにまとめて、メールアドレスを登録すれば無料でダウンロードできるリスト集に活用するかもしれません。

このとき、マーケティング部が重視するのは、閲覧者から面白そうだと興味を持ってもらい、この会社の話を聞いてみようと思われるかどうか、他社でも再現性があるかどうかです。あまりに特殊な事例では再現性がないので興味を持たれません。

また、「自社のカスタマーサクセスが契約後のお客様と共に集客支援の施策に取り組んでいます」というアピールができることも、マーケティング部にとって歓迎すべき事例です。マーケティング部にとっては、自分たちがアピールするよりも、顧客が成功事例を発信してくれたほうがありがたいのです。AmazonのレビューやGoogleマップの口コミのように、他者の評価は信頼されやすいからです。

マーケティング部にとってはカスタマーサクセス部からの連携の申し出は非常にありがたいことです。できれば顧客のセグメントごとに細分化された成功事例をそろえたいと考えるでしょう。

カスタマーサクセス部は開発部に寄り添うことをお伝えしましたが、マーケティング部に対しても寄り添うことが大切です。

例えば、ビジネスホテルの事例は充実しているけれども、リゾートホテルの事例が不足している場合、マーケティング部が既存顧客のリゾートホテルに取材するために、カスタマーサクセスが協力することも考えられます。マーケティング部は新規開拓部門であるため、既存顧客とのつながりがありません。そこをカスタマーサクセス部が橋渡しするのです。

このとき、カスタマーサクセス部の担当者が顧客と良好な関係を築いていれば、顧客もより協力的に対応してくれる可能性が高まります。具体的には、マーケティング部の担当者とライター、カメラマンなどの取材にカスタマーサクセス部の担当者が同行することで、顧客がリラックスして対応できる雰囲気をつくれるということです。

このような連携を取ることで、カスタマーサクセス部がせっかく良い事例を知っていても新規開拓のマーケティングに生かされていないという事態を防ぐことができます。

行動37 カスタマーサクセス内にポストセールス担当ができる

Document
ードキュメントー

高山はノートパソコンの画面を見ながらカスタマーサクセス部の実績を確認していた。

カスタマーサクセスによる顧客へのサポート体制はだいぶ充実してきている。データ分析を行っている谷口の話では、最近はEWS（Early Warning System）で解約リスクが警告される顧客はほぼ無くなっているとのことだし、堀口からもハイタッチによる顧客との関係も良好だと伝えられた。また、岩崎からもテックタッチのコンテンツが充実しているため、デジタルによる顧客とのコミュニケーションも密度が高まっていると報告されている。

実際、チャーンレートを見ても、このところ解約率は下がり続けており、契約維持の施策はうまく行われていることが分かる。

「継続が安定したら、NDRを伸ばすってことだね」

以前、藤島先輩に言われたことを思い出した。

――つまり、既存顧客の売り上げを伸ばすってことか。

これまでもクロスセルとアップセルは行ってきたが、さらに本格的な営業が必要な段階に来ているようだ。

高山は、藤島に時間が空いていないかメールした。

取るべき行動の解説

新規開拓より有利なポストセールス

新規営業では、顧客が自社の製品やサービスについて全く知らないところから始めなければなりません。そもそも課題解決の意欲もない相手であれば、のれんに腕押しといった状態になるでしょう。

一方、既存顧客への営業となると、顧客は既に製品やサービスについて利用していますから、これまでの使用感や使用効果など、相当のデータが顧客側に蓄積されています。それらをきちんと踏まえたうえで営業をかけないと、「なんで、またそこから？」と思われてしまいます。あるいは「社内での情報共有や引き継ぎができていないのでは？」と不安に思われてしまうかもしれません。

したがって、既存顧客にセールスをかけるときは、顧客の現状やカスタマーサクセスとどのような話が進んでいるのかを把握しておく必要があります。

このように、既に自社の製品やサービスを購入している顧客へのセールスを「ポストセールス」と呼びます。ポストセールスでは新規開拓セールスのように、「初めまして」から始めると顧客に対して失礼になります。たとえ営業担当者が初めて担当するにしても、前任者やカスタマーサクセス担当者から引き継ぎがなされていなければなりません。特にカスタマーサクセス担当者とどのような関係性を築けているか、どのような取り組みを一緒に行ってきたのか、そして現在の製品やサービスの利用状況はどのようになっているのかを引き継いでおく必要があります。

また、顧客の会社の規模や組織構成、担当者の立場や権限などについても、事前にカスタマーサクセス担当者にヒアリングしておかなければなりません。そのうえで、既存顧客が現在どのような課題や目標を持っているのか、今後の展開に関する情報も入手したうえで、ポストセールスを行わなければなりません。

一般的には新規セールスよりもポストセールスのほうが受注率は高くなる傾向があります。それは、既に製品やサービスについて知っていることと、セールスに対して心を開いている状態にあるためです。ただ、この有利な状況に甘えて、営業が先走りして強引に顧客にアプローチしてしまうと、「あの営業は何なんだ？」とカスタマーサクセス部にクレームが来るかもしれませんので、注意すべきです。

顧客情報を可視化して共有する

ポストセールスでは、これまでの取り組みの延長線上にプラスアルファした提案ができれば理想的です。つまり、オプション製品・サービスを紹介するか、プランのアップグレードなどです。

例えばホテル予約サービスであれば、「新しくスマートフォン用のアプリを開発したのですが、ユーザーがこのアプリを使うと、旅行先の観光案内や飲食店スポット、便利な施設などを見ることができます。その際に、そこからホテルの予約もできるようになっています。アプリを使えば若い世代のお客様にリーチしやすくなります。実際、既に登録されたホテル様では若い世代の予約が○%増えていますよ」といった話をすることができます。

また、顧客担当者が一人で予約サービスを運営している場合なども、「御社の場合は既にウェブ版の予約サイトに情報が登録されているので、アプリ版には自動的にインポートできますから既存データを流用できます。特に若い世代向けに手直ししたほうがよいと思われる箇所については、弊社のサポートスタッフから提案させていただきます」と伝えます。

このようにポストセールスはコンサルティングセールスに近くなりますので、カスタマーサクセスを理解している人が好ましいといえます。

ところでカスタマーサクセス部にポストセールス担当者を配置するには、人材はどこから調達すればよいでしょうか。一つは、カスタマーサクセス部のメンバーに、元は営業部だった人がいれば打診します。次に、営業部にカスタマーサクセス部への異動を希望している人がいれば、異動してもらいます。

高山氏の率いるカスタマーサクセス部はメンバーが30人いますので、まずはポストセールス担当者を1人置き、徐々に増やしていくことになります。目安としては、カスタマーサクセス部の人員の

20～30%がポストセールス担当である状態を目指します。ポストセールス担当者が増えてきたら、カスタマーサクセスの情報をいつでも活用できる環境を整備する必要があります。

もう一つはSFAなどのセールス系ツールの導入が考えられます。あるいはポストセールスにも役立つ機能が整備されたカスタマーサクセスツールが既にあれば、これをうまく活用していくことになります。いずれのツールでも、顧客の社内体制に関する情報や製品・サービスの購入履歴、利用状況などを可視化できることが条件になります。

こうしてカスタマーサクセス部内のポストセールスが成果を出し始めれば、NRR・NDRが伸びていきます。

行動 38 経営企画部門がカスタマーサクセスに協力する

Document
—ドキュメント—

高山が内線を取ると、「坂本ですが」と驚くほど大きな声で名乗られたので、思わず受話器を耳から離してしまった。

坂本誠は、経営企画室室長だ。

「すんません、今からそちらに伺っても構いませんか？」

「あ、はい。大丈夫ですが、私がそちらに伺いますよ」

いえいえ、お話がある私が伺うのが筋ですから、と言った途端に内線が切られた。

――せっかちな人だな。

坂本は一見、物腰の低い中年男性だが、某経営コンサルティング企業のトップコンサルタントだったのを引き抜かれたのだと誰かが言っていた。

「すんませんね」

同じフロアなので、坂本はすぐにやってきた。

高山は坂本と打ち合わせ用のテーブルに移動する。

「いやぁ、困った」

と言いながら坂本は笑っている。坂本が差し出した紙には新規顧客の売り上げと既存顧客の売り上げを示すグラフが描かれていた。

「ほれ、そちらのNRRが順調に伸びて、いよいよ新規顧客の売り上げの伸びに追い付こうとしているでしょ」

「はい」

「大したもんですよ、大将。いや、何が困ったってね、豊川役員から、予実管理の修正報告を出せと言われましてね」

いや、会社にとってはうれしい誤算ですよ、と坂本は再び笑った。

予実管理とは、あらかじめ設定した予算と実際の業績を比較することで経営上の課題や改善点を探る手法だ。

坂本が言うにはカスタマーサクセスのNRRが伸びたことから、予想していた全体の売り上げを実績が超えたのだという。

「既存顧客からの売り上げが、経営戦略にインパクトを与えているんですよ」

「いや、素晴らしい」と坂本は高山を褒めちぎった。

「それで、豊川役員から、これまでのロジックで売り上げ予想を立てる習慣を変えないといかん、と言われましてね」

それで、これからは経営陣に数字を上げるときには、カスタマーサクセス部の売り上げ予想などの数字も反映させるので教えてほしいと言う。

「分かりました」

――ようやくここまで来たか。

高山はメンバーたちが働く姿を見回し、心の中で感謝した。

取るべき行動の解説

売り上げ予想のロジックが変わる

経営企画には予実ルールがあります。IRとして業績予想を出したときに、実績と予想値との乖離が一定以上になると修正報告しなければなりません。乖離の上限は売り上げで10%、利益で30%です。そのため、業績予想は実績に近付けるようなロジックで算出されます。

ところが想定外の数字が動くと、このロジックが崩れてしまいます。坂本氏が困ったと言ったのはこのことです。つまり、カスタマーサクセス部による既存顧客の売り上げの伸び率まで計算に入れていなかったわけです。その結果、ロジックの変更を余儀なくされました。そこで今後はカスタマーサクセス部の業績をしっかり反映させた予想値を出す必要が出てきました。つまり、カスタマーサクセス部の経営におけるインパクトが強くなったのです。

特にサブスクリプションモデルの事業を行っている企業では、ARPUやARPAが上がることを目指しています。

ARPU（Average Revenue Per User）とは1ユーザー当たりの平均的売り上げを示す指標です。つまり、売り上げを全ユーザー数で割った金額です。月間売り上げが4億円で全ユーザー数が8万人であれば月間のARPUは5000円となります。

一方、ARPA（Average Revenue Per Account）は1アカウント当たりの平均売り上げを示します。ARPUと似ていますが、ARPAのほうが実態に近い場合があります。例えばBtoBでクラウドによりソフトウエアを提供している場合などは、1社の契約企業においても複数のユーザーや端末で利用されるケースが多いため、より実情に近いARPAが採用される傾向にあります。

ホテル予約サービスでも、1社で8人の担当者がサービスを活用している場合と1人の担当者しかいない場合がありますから、ホテルの数で平均売上額を出せるARPAのほうが実態に即しているといえます。

今回の場合では、NRRが高まればARPAも高まります。つまり、

1社当たりが導入するプロダクトが複雑になったりオプションが加わったりするようになったことを示しています。

したがって、経営企画室は、カスタマーサクセス部の活動によりARPAがどのように変化していくのかを追跡する必要があります。また、ARPAは売り上げをアカウント数で割るわけですから、解約率が下がることで維持されている顧客数も影響します。つまり、経営企画室としては顧客数の変化を示すチャーンレートも追跡する必要が出てきます。

したがって今後は、経営企画室室長は週に一度程度の頻度でカスタマーサクセス部長とミーティングを行うことになるでしょう。

5-2 事業が強くなる

行動39 新たな価格メニューを考案する

Document
ードキュメントー

カスタマーサクセスの定例ミーティング。既存顧客の売り上げの伸びが経営戦略上での重要な指標になっていることを知って、メンバーたちは常にNRRを伸ばすためのアイデアを考えるようになっていた。

「部長」

主にデータ分析を担っている谷口が手を挙げた。

どうぞ、と高山は発言を促す。

「新たな価格メニューを加えてはどうでしょう」

「うん、何か具体的な案があるのか？」

谷口のアイデアは次の通りだった。

ホテルの予約サービスにベーシックなプランより利用料金が高い限定オファー機能を使えるプランを用意する。そのプランの料金を支払えば、例えば申し込み先着10名様には割引クーポンが適用されるとか、付属の高級フレンチレストランの割引クーポンを獲得できるなどの予約プランを簡単に設定できる画面が表示されるようになる。

「その限定オファー機能にオプション価格を設定して、ホテル側の管理画面のポップアップで案内するんです」

「なるほど。面白いけど価格設定はうちの部だけではできないので事業部長もしくは役員マターとなるな。ただ、私から提案することはできるので、谷口君のほうで適切な価格を設定してみてくれないか。ただし、その価格設定の根拠を示してくれ。それとプランの差額料金と割引クーポンの割引料金をホテル側が負担しても、ホテル側に利益が出ることを考慮してくれ」

分かりました、と谷口は自分の課題をメモした。

――いよいよ、カスタマーサクセスが料金体系にも助言できるようになってきた。

取るべき行動の解説

取りこぼしていた値上げの可能性

価格を設定する方法は、それだけでも一冊の本になるほど奥深いテーマです。相場観やコストと利益率、競争力など様々な要因を考慮しなければなりません。ホテル予約サービスなどでは、ホテルの予約を促進するオプション機能を用意し、それが利用されるほどこちらの売り上げが上がります。しかし、オプション機能の金額は、その機能を使うことで利用者（ホテル側）が得られる利益で賄える価格帯にすることが大切です。

一方、オプション機能を使っても、必ずしも利用者（ホテル側）に金銭上の利益が出なくてもよい場合もあります。例えば求人媒体サービスで、料金が利用コースで変わっているとします。求人広告を掲載できるまでがライトプランで月額４万円。スカウト機能を使えるまでがベーシックプランで月額８万円などです。この場合は、オプション機能に支払った料金をユーザーは直接利益として回収する必要はありません。得られるのは、より優秀な人材を獲得できる確率が高まる可能性です。

あるいは成果報酬をメニューに追加することも考えられます。ホテル予約サービスであれば、プレミアム宿泊プランを予約メニューに追加でき、申し込みが１件につき成果報酬として宿泊料金の○％をホテル予約サービス会社に支払うなどです。すると、それまで手数料のみであった売り上げに成果報酬が上乗せされることになります。

このようにして、これまで取りこぼしていたかもしれない値上げの可能性を生み出すことができます。つまり、カスタマーサクセス部の工夫とフォローの努力により、既存顧客の売り上げを上方にシフトさせることができるようになります。

このように、経営戦略上のカスタマーサクセスの地位が向上することで、カスタマーサクセス部門は価格体系についても提案できる立場になっていきます。

また、カスタマーサクセス部門が価格体系に提案することは、もう一つの面でも理に適っています。それは、カスタマーサクセスは顧客の懐具合を把握しやすい立場にあるということです。

例えば顧客との関係が親密になっていれば、ホテルの集客にはどれくらいの予算が立てられているものなのか、どのようなサービスがあったら、さらにどれくらいの料金を上乗せできるものなのか、といった話をすることができるようになっているかもしれません。

このような話は、新規開拓をしている営業やマーケティング部門では難しいのです。もちろん、価格体系というのは簡単には変えられません。しかしカスタマーサクセス部門は、価格体系を変えるきっかけをつくれる部門にはなれます。

行動40 気付いていなかった顧客セグメントを発見する

Document
—ドキュメント—

——新しいセグメントを発見することも、カスタマーサクセスの役割なんだよ。

高山は、藤島が以前言っていた言葉を思い出していた。

今、1on1ミーティングで堀口が口にしていることは、それが新しいセグメントの発見なのではないだろうか。

「ということは、君がお客さんから最近よく聞くというのは、ホテルの新しい使われ方ということなんだな？」

「はい」

堀口が言うには、最近、ホテルには宿泊ではなく、1日だけレンタルルームとして使いたいというニーズが増えているのだという。

「例えばYouTubeやTikTok用の撮影だとか、泊まりがけの合宿までは必要がないけれども丸一日缶詰状態になって少人数の研修を行うとか。あるいはどうしても丸一日集中して仕事をしなければならないのだけれども、自宅のテレワークでは集中できないのでホテルに閉じこもりたいとか、さらに取材のインタビューに使いたいとかです」

「つまり、宿泊ではなくレンタルスペース的な使い方のニーズが増えてきているということだよね」

高山はしばらく腕を組んで考えていたが、「つまりはレンタル用途としての予約機能も追加してはどうか、ということだよね」と堀口に確認した。

「はい」

「分かった。私から豊川役員に提案してみるが、用意してほしい資料がある」

高山は藤島の言っていたことを思い出そうとした。

取るべき行動の解説

新しいセグメントの市場規模を出す

企業は、事業のターゲットを少しずつ広げていきます。例えばFacebookは当初、大学生向けのコミュニティーツールでした。しかし、徐々に利用者層を広げ、今では誰もが使えるツールになっています。このように、自社の事業に相性の良いセグメントがあれば、見逃さないようにしなければなりません。

ただ、せっかく新しいセグメントを発見しても、単に「こんなセグメントを見つけました」と言ったのでは、「それだと小さいなぁ」と言われて終わってしまう可能性もあります。そこで、新しいセグメントを経営陣に伝えるには、市場規模を伝える必要があります。

このように企業が新規事業を立ち上げたり、新しいセグメントを開拓する際に市場の大きさを伝えたりするために使われる指標に「TAM」「SAM」「SOM」があります。

「TAM」(Total Addressable Market)は、その事業がリーチできる可能性のある全体の市場規模を示します。つまり、その事業で提供する製品やサービスを必要としている顧客が最大でどれくらいいるのかを示します。「SAM」(Serviceable Available Market)はTAMの中で、自社が獲得し得る最大の市場規模を示します。「SOM」(Serviceable Obtainable Market)は、実際にアプローチできる顧客の市場規模を示します。

高山氏は堀口君にこれらの指標を出させたうえで、豊川役員に提案することが望ましいといえます。堀口君はこれらの指標を試算するために、既存顧客にヒアリングしたりアンケート調査したりしてフェルミ推定などを利用し、新しいセグメントの潜在顧客数をTAMとSAMそしてSOMの各レベルで洗い出し、それに単価(ARPA)を乗じて市場規模を算出することになります。

このとき、ホテルの1室を1日レンタルしたいというニーズについてはさらに具体的な用途を明らかにします。堀口君が言っていたように、YouTubeやTikTokの撮影、泊まりがけの合宿までは必要がない少人数の研修、特別に集中するためのワーキングスペース、取材のインタビュー、英会話の一日集中学習などです。

カスタマーサクセスは、このような具体的な新しいセグメントに気付きやすいところにいます。それはハイタッチ時の会話かもしれませんし、イベント会場での雑談かもしれません。あるいはそのようなニーズに対して、現状の予約サービスは対応できないのかという問い合わせかもしれません。

行動41　カスタマーサクセスの言葉がマーケティングメッセージに採用される

Document
—ドキュメント—

「どうもしっくりこないな」

堀口は自社のホームページに書かれているキャッチコピーを見てつぶやいた。

「どうした？」

堀口のデスクのそばを通りかかった高山が尋ねた。

「あ、部長。うちのホームページのキャッチコピーが、顧客には刺さらない気がするんですよ」

なんだか独りよがりのような言葉が並べられていて、そんなことを顧客は期待しているのだろうか、と思えるのだという。

「まぁ、確かにマーケティング部は仮想上のペルソナに向けて訴えかけているからな」

それに引き換えカスタマーサクセス部はどの部門よりも長く顧客と接している部門だから、顧客が自社の製品やサービスに期待していることを最も把握できているだろう、と高山は言った。

「で、堀口ならどんな点をアピールする？」

そうですねぇ、と堀口は首をひねり、いくつか案を出してみた。

「いいじゃないか。それをマーケティング部に提案してみよう」

そのキャッチコピーを思いついた理由を書いて提出してくれ、と高山は堀口に言った。

「日常的に顧客に接しているカスタマーサクセス部ならではの気付きが分かるようにな」

取るべき行動の解説

顧客からのフィードバックの蓄積を生かす

広告宣伝のためのメッセージは、宣伝部やマーケティングが考案することが一般的です。これらの部門は新規顧客を獲得するためのメッセージを発するプロの集団です。ところが、彼・彼女らは実際の顧客からのフィードバックを得る機会が少ない立場にあります。新規顧客を獲得するまでが仕事ですから、当然ともいえます。

一方、カスタマーサクセス部は、商品やサービスを購入し、実際に活用し始めた顧客と接しますので、顧客が商品やサービスに期待していたことや、実際に使った評価のフィードバックを得ています。したがって、広告宣伝部やマーケティング部よりも、自社の商品の訴求すべき特性や、顧客が期待している利便性などを知っています。

あとはカスタマーサクセスにおける日ごろのミーティングや契約更新時における顧客の声を参考に、機能や特徴、サービスやサポートなどの評価を言語化します。そうして生み出した言葉は、自社の商品やサービスを必要としている潜在顧客に刺さる可能性が高いといえます。

あとは、言語化するに当たって根拠とした顧客からのフィードバックを示せば、広告宣伝部やマーケティング部に、より効果的だと考えされるメッセージを提案することができます。

広告宣伝部やマーケティング部にとっても、顧客のフィードバックの蓄積のあるカスタマーサクセス部からの提案は歓迎すべきものです。提案したメッセージがいきなり本採用にならなくても、例えばネット広告であればABテストで試すことができます。したがって新しいメッセージの切り口をカスタマーサクセス部門が発案し、ネット広告やLP（ランディングページ）のABテストで効果検証をすれば、効果的なマーケティングメッセージの見直しができます。このような使われ方ができる範囲であれば、カスタマーサクセス部からの提案は大いにヒントになるでしょう。

このようにして、カスタマーサクセス部はマーケティングにも影響を与えることができるようになっていきます。

行動 42 新規事業のアイデアを起案する

Document
—ドキュメント—

定期ユーザー交流会が終わると、高山は新たな発見があったことを堀口に話していた。

「以前、君の発案の中に、合宿するほどではないけれども丸一日ホテルにこもって集中的に研修を行いたいニーズがあるという話があったよな」

「はい、新規メニューとして採用されました」

「うん、ところが私は勘違いしていたようだ」

「と言いますと？」

「その分、合宿のニーズはないのだと思い込んでいた」

ところが今日の交流会でいろいろと話を聞いて回ったところ、ホテルに宿泊して集中的な研修と社員同士あるいは社員と幹部の相互理解を深めたいという、企業の合宿ニーズも高まっていることが分かったのだ。

高山は翌日から、さらに顧客へのヒアリングを行い、企業の合宿ニーズとホテルの宿泊予約を取り込みたいニーズをマッチングさせるビジネスモデルのアイデアをまとめた。そこには市場規模の予測と売り上げ予測、具体的なユーザーインターフェースのデザイン案も含めたサービス提供方法、そしてプランごとの価格も設定した。

――われながらワクワクするアイデアだな。

高山はそのビジネスモデルの企画書を、社内で定期的に行われている「新規事業アイデアコンテスト」に応募してみた。

――まぁ、採用されなくても達成感がある。面白かった。

高山は一つ伸びをすると、通常の部長業務に戻った。

取るべき行動の解説

カスタマーサクセスは顧客のニーズを発見しやすい

カスタマーサクセスには、どのようなサービスをどのくらいの価格で販売して、どのように運用していくのかということを意識する機会が多くあります。このとき、まずはセグメント別のプランやオプションの価格の組み合わせといった範囲で考えていると思います。

ところがこの思考力を高めると、まだ吸い上げることができていない顧客のニーズを捉えて、新しいサービスを提供できるのではないかというアイデアに至ります。

つまり、カスタマーサービスの担当者からは、まだ放置された状態にある市場のニーズに対応した新規事業のアイデアが出やすいのです。

しかも突飛なアイデアではなく、既存顧客の中に現実として存在しているニーズを前提にビジネスモデルを考案できるので、市場予測や売り上げ予測を立てることはそれほど難しくはありません。世の中にはこのような市場があるはずだ、といった漠然とした話ではなく、既にそのようなサービスを必要としている人や企業が現実に存在していることを発見しやすい立ち位置にいるのがカスタマーサクセスです。

しかも具体的な顧客のペルソナやニーズが見えているので、事業アイデアにおいてもサービス内容だけでなく、ユーザーインターフェースや適正価格に関する相場観もあります。加えて、自社の製品を顧客に案内するために今ある製品ラインアップや各製品の機能を把握していることから自社のできること（シーズ）を理解しているため、自社の強みや能力を尊重した形でのアイデア出しが可能です。

このようなカスタマーサクセスの特性は、企業がこの部門を持つことのメリットでもあります。したがって、カスタマーサクセスは積極的にビジネスのアイデアを出すべきですし、経営側もそれを奨励するような雰囲気や制度を整備するとよいでしょう。例えばカスタマーサクセスの役職者に、新規事業に関するワークショップやセミナーを受けさせるのも効果的です。

行動 43 カスタマーサクセス出身者が事業責任者を務める

Document
―ドキュメント―

高山は役員の豊川に呼ばれて役員室に来ていた。

「君の新規事業案が採用されたぞ」

え？　と高山は驚いた。応募してからずいぶん時間がたっており、日々の業務に忙殺されていたため、応募したことをすっかり忘れていたのだ。

「役員会としては、君の事業案を正式に採用し、新規事業として立ち上げることになった」

「そこでだ」

と豊川は椅子の背もたれに身を預けながら続けた。

「君に新規事業の事業責任者を任せたい。といっても、しばらくはカスタマーサクセス部長も兼任だがな。堀口君あたりを副部長にしてサポートしてもらえばいい。あるいは彼を新規事業の副部長に異動させてもいいだろう」

人事案は任せる、と豊川は書類をテーブルに置いた。

取るべき行動の解説

高まるカスタマーサクセスへの注目度

カスタマーサクセス部から出された新規事業案が採用されると、社内の同部門に対する注目度が高まると同時に、同部門で働きたいと考える人も増えてきます。また、経営企画などの部門以外から出された事業案が実際に新規事業として採用される社風は、人材のリクルーティングにおいても好評価を得られるでしょう。

同時に、カスタマーサクセス部門の人たちが生き生きとしている企業は、成長する企業であることを社内外に印象づけることになります。また、提案者が新規事業の責任者になれば、カスタマーサクセス部門のメンバーからも何人かは新規事業の立ち上げメンバーとして引き抜かれるでしょう。

もともとカスタマーサクセスの担当者は、顧客との接点を多く持っていることやコミュニケーション能力が高いこと、あるいはITツールに詳しいことやデータ分析が得意な特性などから、他部門からも引き抜かれやすいのです。特にプロダクトマネジメントやプロダクト開発、事業企画、そしてマーケターなどとして活躍することが期待されます。

まして新規事業の責任者や立ち上げメンバーへの道も開けているとなれば、カスタマーサクセス部門で働くことの将来性への期待はさらに高いものとなります。

おわりに

振り返れば、主人公の高山氏の活躍には目覚ましいものがありました。まず、彼の行動は顧客の解約を防ぐことから始まりました。つまりバケツの穴を塞いだわけです。そして既存顧客からの売り上げを伸ばし、開発部門やマーケティング部門にも貢献するようになります。

その成果が認められると、経営企画室からも協力を求められるようになり、新規事業の提案が採用されると、いよいよ新規事業の責任者に抜擢されます。

このように、カスタマーサクセスは起業家や経営者を目指せるキャリアです。よく、社員にも経営目線を持ちなさいと言います。経営目線というのは、会社の持っている要素や成り立ちを横断的に見ることができる能力だと考えられます。

例えば、プロダクトをどのように開発すればよいのか、そのプロダクトをどのように営業しマーケティングしていくのか、そして購入されたお客様にどのように満足していただくのか、さらには、どのようにすればより付加価値の高いプロダクトを購入していただけるのか、といった目線です。

また、新規で事業を立ち上げるとすれば、どのような事業なのかを考えることも経営目線を持つことに含まれます。

カスタマーサクセスは部門横断的に施策を考えますので、経営目線を獲得しやすい職種です。

初めは顧客と愚直に向き合うといったことから始まりますが、様々な施策に携わるうちに経営目線を獲得していきます。

本書の主人公もそうでしたが、私自身も同様です。私自身、カスタマーサクセスで視野を広げ、経営者になりました。したがって、本書でたどっていただいたキャリアアップのストーリーには非常に現実味があるのです。

本書を手に取られた方には様々な立場、職種の方がおられると思います。カスタマーサクセス部門の立ち上げを任された方、カスタマーサクセスを立ち上げるべきかどうか検討中の幹部の方、カスタマーサクセスという職種に興味を持たれた学生さんや転職を検討中の方、そしてカスタマーサクセスの役割や重要性を知りたいと思われた経営者の方。

著者としては、すべての方々に、カスタマーサクセスの重要性と将来性、そしてカスタマーサクセスに携わることで得られる可能性をぜひとも本書から感じ取っていただければと思います。

もし、感じ取っていただけたなら、著者として、とてもうれしく思います。

株式会社openpage 代表　藤島 誓也

著者プロフィール

藤島 誓也（ふじしま せいや）

株式会社openpage（オープンページ）代表。

エンジニアとしてキャリアをスタートした後、東大ベンチャーpopIn、大手女性誌出版社と共同で、ネイティブ広告/コンテンツマーケティング製品を新規事業として開発。製品機能構築・チャネル構築・組織体制・マーケティングメッセージを整備しながら、広告主・広告代理店・メディアと連携し、ネイティブ広告商品の市場啓蒙を行った。その後、株式会社ビズリーチにて、法人向け広告宣伝、CSM（カスタマーサクセスマネジメント）チームの立ち上げ、ビジネス部門の戦略設計、シード～ポストIPO段階のスタートアップ採用支援、コンテンツマーケティングを推進。2018年に株式会社openpageを設立。

Twitter: https://twitter.com/seiya_fujishima

実践カスタマーサクセス

BtoBサービス企業を舞台にした体験ストーリー

2023年1月10日　第1版第1刷発行

著　　者　藤島 誓也
執筆協力　地蔵 重樹
発 行 者　小向 将弘
発　　行　株式会社日経BP
発　　売　株式会社日経BPマーケティング
〒105-8308
東京都港区虎ノ門4-3-12
装　　丁　bookwall
制　　作　マップス
編　　集　松山 貴之
印刷・製本　図書印刷

Printed in Japan
ISBN978-4-296-20125-9

本書籍に関するお問い合わせ、ご連絡は下記にて承ります。
https://nkbp.jp/booksQA